PRA VALER

Copyright© 2021 by Literare Books International
Todos os direitos desta edição são reservados à Literare Books International.

Presidente:
Mauricio Sita

Vice-presidente:
Alessandra Ksenhuck

Diretora executiva:
Julyana Rosa

Diretora de projetos:
Gleide Santos

Capa, diagramação e projeto gráfico:
Gabriel Uchima

Foto da capa:
Jed Owen

Revisão:
Rodrigo Rainho

Relacionamento com o cliente:
Claudia Pires

Impressão:
Gráfica Paym

Dados Internacionais de Catalogação na Publicação (CIP)
(eDOC BRASIL, Belo Horizonte/MG)

L895p Louzada, Maurício.
Pra valer / Maurício Louzada. – 6.ed. – São Paulo, SP: Literare Books International, 2021.
208 p. : 16 x 23 cm

ISBN 978-65-5922-187-5

1. Literatura de não-ficção. 2. Conduta. 3. Desenvolvimento humano. I. Título.

CDD 158.1

Elaborado por Maurício Amormino Júnior – CRB6/2422

Literare Books International.
Rua Antônio Augusto Covello, 472 – Vila Mariana – São Paulo, SP.
CEP 01550-060
Fone: +55 (0**11) 2659-0968
site: www.literarebooks.com.br
e-mail: literare@literarebooks.com.br

Aos meus pais Dalva (*in memoriam*) e Otávio,
que me ensinaram as primeiras palavras.

Aos meus avós Irene e José (*in memoriam*),
que me estimularam a usá-las.

À Cintia, minha eterna companhia
na jornada da vida, que me deu todo apoio
para que chegasse até aqui.

Agradeço aos mais de 2 milhões de pessoas que participaram da realização de meu sonho, ao assistirem à palestra PRA VALER.

PREFÁCIO

Existe um momento mágico, que dura apenas algumas frações de segundo, mas que pode definir uma partida de basquete. É o momento em que a bola, lançada pelas mãos do atleta, ruma na direção da cesta. Nesse momento, todas as pessoas param para olhar a trajetória da bola, e o atleta, que treinou muito para ser a figura central daquele momento, já sente em seu coração se os pontos serão ou não marcados. Aquele é um momento PRA VALER. Para vivê-lo, frente a milhares de pessoas nas arquibancadas e milhões frente à TV, são necessários anos de treino, foco, garra e determinação.

Na maioria das vezes, é possível dizer que a bola já sai da mão do atleta vitoriosa. Sua confiança é tão grande, seu treino foi tão intenso e a integração com sua equipe é tão presente, que não há outro caminho para a bola senão o centro do aro. Outras vezes, a equipe não é favorita, e mesmo perdendo por 20 pontos ao final do primeiro tempo, um time pode decidir que aquele é um momento PRA VALER, virar o jogo e alcançar a vitória, como aconteceu na nossa conquista histórica do Pan em 1987, na final contra os Estados Unidos.

Neste livro, Maurício Louzada mostra que a vida também é feita desses momentos. A narrativa sobre os fatos ocorridos com uma equipe perdida dentro de uma caverna, intercalada com os aprendizados obtidos em cada situação, nos mostra que a disposição para superar quaisquer adversidades está dentro de nós.

É provável que durante a leitura você se sinta dentro da caverna, perdido com os cinco exploradores, e que ali descubra que esta história tem mais a ver com sua vida do que você possa imaginar.

A exemplo da excelente palestra motivacional de mesmo nome, ministrada por Louzada, este livro encanta, emociona e nos faz refletir em como podemos aproveitar situações adversas para exercitar nossa força, nossa coragem, nosso espírito de união e nossa capacidade de superação.

Quando ministro palestras, sei que cada palavra pode mudar uma história, e que através das experiências vividas, sejam elas no esporte ou na vida, é possível criar analogias que mudarão comportamentos, atitudes e crenças, e assim farão a diferença na vida profissional e pessoal de muitas pessoas.

Este livro também cumpre esse propósito. Ao seu final, você sentirá uma sensação de responsabilidade sobre sua própria felicidade, por perceber que cada um é dono de seu destino, e que podemos escolher entre ser vítimas dos problemas ou autores da nossa própria história, vivendo cada momento como se fosse a "cesta" mais importante de nossas vidas.

E eu posso garantir, um campeão se faz assim: cesta a cesta, ponto a ponto, sabendo que cada um deles é essencial para a vitória, que cada um deles é PRA VALER...

Oscar Schmidt

NOTA DO AUTOR

Esta é uma obra de ficção inspirada em fatos reais.

A sequência dos fatos narrados e sua ordem cronológica podem ter sido alteradas para melhor compreensão dos conteúdos abordados na palestra que deu origem a esta obra.

Os nomes dos personagens, da caverna e das galerias foram modificados para preservar suas identidades e colaborar para a preservação das cavidades naturais envolvidas na narrativa.

Durante a leitura, você encontrará os seguintes ícones indicativos:

Este ícone indica que nas próximas linhas há uma narrativa dos fatos ocorridos no interior da caverna.

Este ícone indica um *insight* sobre o tema, com uma abordagem similar à realizada na palestra que leva o mesmo nome do livro.

"Se disser: Decerto que as trevas me encobrirão;
então a noite será luz à minha volta.
Nem ainda as trevas me encobrem de Ti;
mas a noite resplandece como dia; as trevas
e a luz são para Ti a mesma coisa."
Salmos 139:11-12

SUMÁRIO

PRÓLOGO 11
CAPÍTULO 1 13
CAPÍTULO 2 15
CAPÍTULO 3 19
CAPÍTULO 4 23
CAPÍTULO 5 27
CAPÍTULO 6 33
CAPÍTULO 7 39
CAPÍTULO 8 49
CAPÍTULO 9 55
CAPÍTULO 10 61
CAPÍTULO 11 63
CAPÍTULO 12 69
CAPÍTULO 13 73
CAPÍTULO 14 77
CAPÍTULO 15 81

CAPÍTULO 16 89
CAPÍTULO 17 97
CAPÍTULO 18 103
CAPÍTULO 19 111
CAPÍTULO 20 119
CAPÍTULO 21 125
CAPÍTULO 22 131
CAPÍTULO 23 135
CAPÍTULO 24 141
CAPÍTULO 25 149
CAPÍTULO 26 155
CAPÍTULO 27 163
CAPÍTULO 28 171
CAPÍTULO 29 179
CAPÍTULO 30 183
CAPÍTULO 31 193
CAPÍTULO 32 201
EPÍLOGO 205

PRÓLOGO

Você já acordou de um pesadelo com uma enorme sensação de alívio? A primeira frase que chega à sua mente nesses momentos é: "Ainda bem que eu acordei". Naquela noite, o explorador acordou com essa sensação.

Resolveu permanecer mais alguns minutos na cama, antes de se levantar. Embora estivesse muito frio, ele queria curtir um pouco mais a sensação de estar salvo. Talvez o frio o tivesse feito passar por aquele pesadelo. "É melhor me levantar", pensou.

Porém, ao colocar a mão sobre o colchão, a realidade veio à tona como se fosse um banho de água fria: em vez de sentir a maciez do seu colchão, sua mão tocou a pedra fria. Em um instante, tudo ficou claro em sua mente: não era somente um pesadelo. A situação na qual ele estava inserido era a mais pura realidade. De uma só vez, ganhou consciência sobre onde realmente estava e o que havia acontecido. Lembrou-se de detalhes, inclusive de onde havia colocado o seu capacete. Mesmo naquele escuro sepulcral, levou vagarosamente a mão esquerda junto ao seu corpo, na altura do quadril, e lá encontrou o capacete: mais uma prova de que tudo era verdade.

Sentou-se, pegou o capacete e o ajustou levemente sobre a cabeça, sem a menor pressa em acender a lanterna que se localizava na frente da cabeça. Ele já sabia o que iria ver. Respirou fundo, e se lembrou dos fatos ocorridos nas últimas 24 horas. Pior seria o prognóstico para as próximas horas.

Até então, ele e sua equipe não tinham um plano, uma estratégia... Todas as ações foram realizadas sem foco e objetivos claros. Não estavam concentrando as suas energias no que deveria ser o mais importante: achar a saída da caverna.

Seu estômago roncou. Ele sabia que a fome seria uma companheira implacável nas próximas horas. Para distrair a atenção para longe da sensação de estômago vazio, achou melhor acender a lanterna.

Click! A lanterna se acendeu...

Seus olhos ficaram estarrecidos com a cena que se apresentava à sua frente. Nem nos piores pesadelos ele poderia imaginar o que a luz da sua lanterna revelava.

CAPÍTULO 1

Domingo, 10h30.

O grupo estava animado dentro do carro. Adriana era a única pessoa tensa, afinal, nunca havia explorado uma caverna, e de cara já queriam que ela fosse a uma incursão atípica: visitar um salão proibido, sem o conhecimento dos guarda-parques.

— Fique tranquila – falou Carlos com voz calma. – Eu já trabalhei neste parque, e conheço bem a caverna. Em meus 15 anos de espeleologia, nada deu errado, nunca. Não será hoje que isso vai acontecer.

— Não sei – retrucou Adriana. – Sinto que algo não vai dar certo.

Ricardo ouvia seu *walkman* em um volume tão alto que quase compartilhava a música com todos no interior do veículo. Johnny Rivers cantava "Do you wanna dance?", uma música que combinava perfeitamente com as curvas da estrada de terra que levava ao acesso ao parque.

O quarto ocupante do carro parecia se divertir com a aventura que estávamos prestes a viver. Júnior era apaixonado por adrenalina. Nos seis anos de prática de espeleologia, dava preferência para cavernas que propunham desafios: escalar pedras escorregadias, subir ou descer de galerias usando cordas, descer cachoeiras na escuridão e passar por túneis estreitos estavam entre suas atividades preferidas. Ele sabia que, além dos 700 metros de visitação turística, a caverna tinha mais 6.500 reservados para poucos. Hoje, o grupo passaria da barreira imposta pelas normas do parque.

Eu estava tranquilo. Embora não fosse minha preferência esse tipo de aventura, algo me instigava naquela proposta: a possibilidade de visitar um dos mais bonitos salões de estalactites existentes no mundo. Nosso destino era cheio de mistérios: quem já o havia visitado dizia que as estalactites eram tão frágeis que teríamos que falar baixo para que a vibração do som não as quebrasse. Meus cálculos indicavam um trajeto de uma hora e meia até o salão, mais vinte minutos de fotografias, e mais uma hora e meia para sair. No total, seriam quase três horas e meia. Olhei para o relógio do carro: 10h30 da manhã daquele domingo, dia 10 de maio de 1998, dia das mães. Provavelmente, conseguiríamos sair a tempo de viajar para São Paulo e eu poderia jantar com minha família.

Não sabia, até então, que as escolhas feitas nos próximos minutos me afastariam daquele jantar, e talvez da possibilidade de continuar os meus maiores projetos de vida. Olhando para o vale à minha direita, eu observava dezenas de montanhas imensas. Quantas delas eram na verdade grandes cavernas, criadas pela ação das abundantes águas da Mata Atlântica sobre as placas de calcário?

Pensar que toda aquela paisagem já havia sido o fundo do mar há milhões e milhões de anos... Tudo na vida muda. A natureza está em constante transformação, e nós seres humanos também. A diferença é que, ao contrário dos elementos da natureza, nossas mudanças estão baseadas em nossas escolhas. Eu ainda não sabia, mas minhas escolhas naquela manhã mudariam por completo o rumo de minha vida...

CAPÍTULO 2

Domingo, 10h55.

O pequeno riacho que margeava o caminho até a boca da caverna trazia o som calmo das águas que atravessaram a montanha pelo interior da cavidade natural.

Desde o sumidouro, nome que se dá ao local onde o rio entra na caverna, até a ressurgência, o ponto onde estávamos e onde a água retornava à superfície, havia alguns quilômetros de total escuridão. No caminho até a caverna, o grupo comentava sobre a primeira aventura depois de chegar ao parque. Ricardo era o mais animado:

— Gente, esconder o carro e depois camuflá-lo com folhas de bananeira foi emocionante. Eu me senti como se estivesse escondendo um tanque em uma guerra.

— É o jeito que temos para chegar ao Salão dos Cristais sem que ninguém desconfie – complementou Carlos, sentindo-se orgulhoso por sua ideia.

Um cheiro diferente começou a tomar conta do ar. Adriana tapou o nariz com os dedos:

— Que cheiro ruim é esse?

Júnior havia liberado a válvula do seu reator de carbureto. Antes que alguém pudesse mostrar que sabia mais que ele, já foi explicando:

— É o meu reator de carbureto – apontou para o pequeno tubo cilíndrico pendurado por um mosquetão em seu cinto. — Na parte de cima tem água, na parte de baixo tem pedras de carbureto. A água, que cai na parte inferior por gotejamento, em contato com o carbureto libera um gás inflamável, que é levado por esta mangueirinha até o topo do capacete. Aí é só produzir uma pequena faísca e pronto! Temos fogo em cima do capacete. Uma fonte de luz muito melhor que as lanternas abastecidas a pilha porque...

A explicação foi interrompida pela paisagem que surgiu à nossa frente: com aproximadamente dois metros de altura e três de largura, lá estava a boca da caverna, de onde saía o riacho. Pequenos ramos de algum tipo de bromélia pendiam da parte superior, decorando naturalmente a entrada. Linda, deslumbrante, magnífica...

Para proteger aquela beleza natural da agressividade do homem, a caverna era fechada com uma grade de ferro e um portão trancado por um cadeado.

— Foi necessário fazer isso – expliquei. – Muitas pessoas entravam aqui sem guia e colocavam em risco a beleza da caverna e suas próprias vidas.

— Hoje, não teremos um guia do parque porque não aprovariam a nossa ida ao Salão dos Cristais – disse Carlos. – Mas fiquem tranquilos, já estive lá e estamos seguros.

— Espero que sim – pensei em voz alta.

Sorrindo, Carlos abriu a pequena mochila que o grupo havia preparado para aquela incursão. Alguns elementos básicos como pilhas reservas, sacos de vedação, uma blusa e algumas guloseimas ocupavam o espaço interno da mochila, que seria levada em forma de revezamento. Nela, colocou sua mão, e por alguns segundos ficou tateando o fundo em busca de algo. Assim que encontrou, mostrou animadamente para o grupo o que todos já sabiam estar lá: uma cópia da chave do cadeado.

— Eu sabia que seria útil fazer uma cópia quando eu era voluntário do parque.

Colocou a chave no cadeado e a virou. O cadeado abriu, ele o retirou vagarosamente da tranca e abriu o portão indicando o caminho para Adriana:

— Primeiro as damas.

Ela titubeou, mas foi a primeira a entrar. Depois, um a um, os integrantes do grupo foram ultrapassando o portão. Eu fui o último e fiquei com a tarefa de trancar o cadeado. Passei pelo portão e o fechei sem fazer muito barulho. Em seguida, tranquei o cadeado.

Ao olhar para dentro da caverna, o grupo já estava alguns metros à frente. Parei por alguns segundos. Uma estranha sensação me fez sentir calafrios. Era normal. Eu já havia entrado em dezenas de cavernas, e naquela, em especial, mais de vinte vezes, mas sempre na área turística. Era a primeira vez que eu conheceria os salões reservados a pesquisadores. Lembrei-me de uma frase de Leonardo da Vinci:

"Quando nos deparamos com a entrada de uma caverna, somos tomados por um sentimento misto de temor e desejo. Temor das trevas, do desconhecido... E desejo de encontrar ali chaves de mistérios ainda sequer suspeitados".

Ponderei sobre a possibilidade de não ir em frente, de voltar e deixar aquela loucura de lado. Mas duas coisas me impediram: a curiosidade de ver os salões que eu tanto havia esperado e o compromisso assumido com meus colegas de grupo. Voltar agora poderia significar estragar o passeio de todos, ou até me fazer ser visto como medroso.

Precisava decidir. Sem pensar muito, decidi pelo mais fácil. Eu iria em frente.

Sem saber, eu não estava entrando simplesmente em uma caverna, mas sim na maior experiência de minha vida. Nela, eu me encontraria com meus maiores medos, mas também descobriria mistérios que estavam dentro de mim e eu nem imaginava.

Minha decisão parecia estar tomada. Era melhor minha família não me esperar para o jantar.

"Tome decisões e esteja no centro da sua vida..."

Olhando hoje, muitos anos depois, percebo o quanto uma decisão pode mudar nossas vidas. Naqueles segundos em que fiquei parado na entrada da caverna, estava nas minhas mãos decidir se continuaria a aventura ou simplesmente retornaria.

Caberia só a mim decidir. Embora possa parecer que eu tenha tomado a decisão de entrar na caverna, isso, na verdade, não aconteceu. Eu decidi absolutamente nada! Apenas deixei as coisas continuarem como estavam e seguirem o rumo previamente planejado. Enganei a mim mesmo, fingindo ter decidido ir em frente, mas no fundo tive medo de decidir pela opção errada. Tive a oportunidade de decidir, mas não o fiz.

PRA VALER

O problema é que não decidir é, em si, uma decisão perigosa.

Nos momentos mais importantes de nossas vidas, somos agraciados com a oportunidade de decidir sobre nossas ações. Nem sempre aproveitamos tais oportunidades e deixamos que as coisas simplesmente aconteçam, sem perceber que é nas decisões que nossos destinos são traçados. Quando ignoramos a oportunidade de decidir, o futuro passa a ser uma consequência das decisões de outras pessoas ou do simples acaso.

Nesses momentos, tomar uma decisão, independentemente de qual seja, o colocará no centro da sua vida, e mesmo que lá na frente as coisas não aconteçam exatamente como você planejou, você terá plena certeza da importância das suas ações na construção do futuro, e isso é extremamente gratificante. Se olharmos todas as histórias de sucesso, vamos perceber que em todas elas existe um momento em que alguém teve que tomar uma ou mais decisões difíceis.

Tais decisões nos tiram da zona de conforto, e é exatamente por isso que são tão difíceis de serem tomadas. Algumas nos trarão recompensas em longo prazo, mas exigirão sacrifícios imediatos. Outras trarão prazeres momentâneos, mas nos afastarão de tudo aquilo que realmente queremos nos tornar ou realizar.

O difícil é colocar todos esses elementos na balança e avaliar o que é melhor para cada momento e para o futuro, sempre sabendo que existe o risco de errar. Assumir tal risco nos traz a liberdade e a certeza de que cada um é dono de seu próprio destino.

A habilidade de decidir transforma o futuro e nos faz perceber que o que vivemos hoje é fruto de decisões que tomamos ou deixamos de tomar no passado. Decidir também transforma as pessoas porque, no fundo, nossas decisões estão menos relacionadas com o que fazemos e mais com aquilo que somos.

Quando tomamos uma decisão, antes de definirmos as atitudes que guiarão nossos passos, em essência, estamos definindo quem exatamente nós somos.

CAPÍTULO 3

Domingo, 11h10 (25 minutos na caverna).

É impressionante como podemos sentir a temperatura baixando à medida que adentramos em uma caverna. Depois de 100 ou 200 metros, a temperatura fica estável, por volta dos 19ºC. A água é muito fria. "Ainda bem que no trecho turístico existem pontes e escadas que nos mantêm fora da água", pensei comigo mesmo.

A luminosidade também vai esgotando gradativamente. Depois de certa profundidade, não é possível enxergar sem ajuda das chamas do carbureto ou das lanternas elétricas. As áreas denominadas "Zona I" são as que recebem diretamente a luz do sol. As áreas "Zona II" não recebem iluminação direta, mas no escuro total, com as pupilas dilatas, é possível perceber alguns contornos e silhuetas.

Depois de alguns minutos, já havíamos saído do leito do rio, subindo algumas escadas que nos levavam aos salões superiores. Passamos por alguns "quebra-corpos" e adentramos em galerias que se estendiam em forma de zigue-zague.

Todos nós sabíamos de cor o caminho da área turística. Caminhamos em silêncio por alguns minutos e percebi que já não ouvia o barulho do rio que ficara lá embaixo.

Olhei para o velho relógio analógico que eu carregava no pulso. Quem teria coragem de entrar ali com um relógio novo? Provavelmente, ele não resistiria a uma única aventura. Passava das 11h00, e já estávamos na "Zona III", uma região onde a luminosidade é zero. O nome do nosso grupo de espeleologia era "Zero Lux", uma referência à total ausência de luz na qual nos encontrávamos.

Se apagássemos todas as fontes de iluminação, ninguém enxergaria. Poderíamos ficar o tempo que quiséssemos com as luzes apagadas e nossos olhos nada veriam. Era comum fazermos isso com iniciantes neste "esporte-aventura". Pedíamos que todos apagassem as luzes e percebessem o breu e o silêncio da caverna, uma experiência única que não poderia ser vivida em nenhum outro lugar do nosso planeta, a não ser dentro de uma caverna, na "Zona III".

Quase lendo meus pensamentos, Júnior propôs:

— Que tal um "Zero Lux" agora?

— O que é isso? – perguntou Adriana.

— É melhor você sentir na prática.

Sentamo-nos sobre o chão da caverna e apagamos todas as luzes. Adriana era a única que não tinha um capacete com iluminação de carbureto, mas sim uma lanterna a pilhas. Ricardo tomou cuidado em tirar a lanterna da mão de Adriana, pois sabíamos que acendê-la seria uma tentação para a "novata", como tínhamos o prazer de chamá-la.

O breu tomou conta do ambiente. Os primeiros comentários e risadas foram cessando e, então, a escuridão tornou-se nossa única companheira.

Quando vivemos tal experiência, percebemos o que é a sensação de "ausência total", e assim descobrimos a nossa própria presença. Naquela situação, se você ficar parado, completamente parado, vai perder a noção do tamanho do ambiente, e depois a noção do tamanho de seu próprio corpo. Se mantiver os olhos abertos, em pouco tempo, vai começar a se questionar se ainda tem a capacidade de enxergar. Se ficar em silêncio absoluto, vai perceber que seu corpo produz ruídos que você sequer imagina. Vai perceber que seus ouvidos podem ouvir o coração batendo, o sangue circulando nas veias e a vida fluindo em todo o seu corpo.

Nesse momento, podemos viver uma experiência única de estarmos a sós com nós mesmos.

Ali, experimentando a sensação de nada ver ou ouvir, mergulhei mais uma vez em meus pensamentos, percebendo como constantemente negamos a oportunidade de estarmos com quem é mais importante em nossas vidas: nós mesmos.

"Dedique parte da sua vida a uma pessoa muito especial: você mesmo."

No último ano, quantas vezes você se permitiu estar sozinho com você mesmo? Quantas vezes você entrou em seu quarto e se presenteou com uma bela massagem nos próprios pés, colocou no Blu-Ray o seu filme preferido (sim, aquele que você já viu mais de vinte vezes), e se permitiu ouvir as músicas que o fazem lembrar-se da sua adolescência?

Normalmente, as pessoas não fazem essas coisas que trazem felicidade inigualável. Assumimos tantos compromissos com os outros e com a felicidade dos que nos cercam que nos esquecemos de proporcionar felicidade a nós mesmos.

Muitos executivos trabalham incansavelmente em nome de oferecer tranquilidade e uma condição de vida confortável para sua família, e esquecem-se de que continuam sendo pessoas únicas, com grandes sonhos e pequenos desejos de felicidade.

Enquanto você não for capaz de ter pelo menos quinze minutos por dia exclusivamente para você, provavelmente estará dedicando sua vida a causas que não lhe trarão a verdadeira sensação de felicidade.

Conheço pessoas que abriram mão de seus maiores sonhos para viver uma vida que não era exatamente a sua. Abriram mão das viagens de sua vida, dos carros que queriam comprar e das coisas que mais gostavam para viver a vida de outras pessoas: de seus filhos, de sua esposa ou marido, amigos ou até de seus pais.

Estar quinze minutos por dia com você mesmo é uma atitude simbólica. O importante é estar continuamente com você mesmo, percebendo que nada nem ninguém pode ser responsável por sua felicidade, senão você mesmo.

Mas escolher ser feliz não é fácil. Há pessoas que têm uma vida "quase perfeita", mas não conseguem ser felizes. Atribuem a felicidade a algo ou alguém e vão criando desculpas que adiam a felicidade.

Ao transferir a felicidade para o futuro ou para as mãos de outras pessoas, não percebemos que essa felicidade já está aqui, dentro de nós mesmos.

A felicidade não acontece por acaso, ela é uma escolha em nossas vidas e começa em pequenos momentos como esse, enquanto você está sentado, lendo um livro e apreciando o dom de estar consigo mesmo. A propósito, que tal uma pequena pausa na leitura para uma massagem nos seus próprios pés agora mesmo?

CAPÍTULO 4

Domingo, 11h35 (50 minutos na caverna).

Quando uma faísca atinge o gás de carbureto, o som do fogo se acendendo é parecido com um estampido seco. Foi esse som que interrompeu o silêncio e a escuridão total. Depois de dez minutos no escuro, mesmo aquela pequena luz já era agressiva para os olhos. Levaria um ou dois minutos para que as pupilas se ajustassem às novas condições. Antes que isso acontecesse, Adriana começou a comentar a experiência:

— É uma sensação completamente diferente. É como se vocês não estivessem aqui. Não ter a lanterna em minhas mãos me deixou um tanto quanto apavorada. Eu tinha a sensação de total perda de controle.

— É assim na caverna e na vida – comentou Ricardo. – Queremos sempre ter o controle em nossas mãos. Se perdermos um pouco desse controle, nos sentiremos impotentes e fracos frente a qualquer situação.

Aquela observação me fez ir mais fundo em meus pensamentos:

Uma lanterna dá apenas a sensação de controle dentro de uma caverna. Em cima de nós, há provavelmente algumas dezenas de toneladas de rocha e terra, o ar que circula aqui dentro é resultado de um complexo sistema de ventilação, que pode ser interrompido por um simples desmoronamento em qualquer parte da caverna. A luz que temos está limitada à quantidade de carbureto e pilhas, e nossa pouca alimentação está dentro de uma mochila, com 15 litros de capacidade. Nesta profundidade da caverna, não temos nenhum alimento extra disponível. Não há animais ou plantas que possam virar comida em caso de emergência. E com tudo isso à sua volta, ela acredita que ter a lanterna na mão é sinônimo de controle.

PRA VALER

O caminho continuava por uma escada de madeira com 50 degraus, que nos levava para o patamar mais alto do trecho turístico.

Olhei para a escada e desejei que houvesse outras mais à frente. Mas sabia que depois do fim da área turística teríamos que contar somente com nosso próprio esforço físico.

"Pergunte-se: o que realmente está sob o meu controle?"

Todos nós carregamos uma lanterna na vida. Algo que nos dá a sensação de que estamos no controle e nada poderá nos atingir.

Para alguns, essa lanterna é um emprego bem-sucedido, uma posição hierárquica de destaque e a certeza de um trabalho garantido para os próximos anos.

Para outros, essa lanterna significa uma conta recheada no banco ou o acúmulo de bens e riquezas, acompanhados de uma vida na qual os prazeres estão relacionados com o verbo "ter".

Ainda para outros, essa lanterna é representada por um relacionamento amoroso sólido, nem sempre verdadeiramente correspondido, e muitas vezes baseado no desrespeito e na comodidade.

Cada ser humano carrega sua lanterna, sem saber as toneladas de terra que tem sobre sua cabeça e a fragilidade do ar que respira.

Quantas vezes já vimos pessoas com total e pleno controle de tudo assistirem ao desmoronamento de sua própria história? Quantos "controladores" estão infelizes com a vida que escolheram para si, porque o "controle" se tornou mais importante do que os benefícios trazidos por ele?

Muitos trabalham incessantemente para garantir o emprego e a posição que têm e se privam de ver os filhos crescerem. Chegam às suas casas muito depois que o sol se pôs e que as crianças foram para a cama, levantam-se quando os primeiros raios de sol ainda não surgiram no horizonte. Mas precisam manter o controle.

Há aqueles que economizam eternamente. Não gastam com viagens, com roupas novas e nem com presentes. Não conheceram o prazer de tomar um sorvete com a família numa tarde de domingo, pois estavam concentrados demais em olhar as planilhas que vieram do banco.

"Melhor assim, gastamos menos..."

Eles sabem que sua família e amigos querem a sua companhia, mas precisam manter o controle.

Outros criam regras de horário. Têm horário para comer, para acordar, para dormir, para tomar banho, para limpar a janela, ufa... Criar rotinas pode não ser a coisa mais prazerosa do mundo, mas dá a sensação de controle.

Porém, em algum momento da vida da maioria das pessoas, algo não sai como planejado. O emprego que deu tanta segurança resolve trocar você por alguém mais flexível, mais ousado. Anos e anos de trabalho, esforço e dedicação, e em uma bela tarde, você é chamado à sala do chefe que, com a maior cara de pau, lhe dirá que sente muito, que você foi exemplar, que ele não podia fazer nada, que as ordens vieram de "cima" e que você não precisa vir amanhã. Na verdade, tal situação sempre esteve fora do seu controle e você não percebia.

O dinheiro trancado e guardado a sete chaves poderá ser usado um dia para que você se recupere de doenças decorrentes do excesso de trabalho. E então você tentará se enganar, pensando: "Ainda bem que guardei e não tomei sorvetes em tardes de domingo". Mas esse pensamento irá mudar à medida que as riquezas forem diminuindo e se acabarem, ainda antes que você possa perceber que na verdade nunca esteve no controle.

E assim, vamos carregando nossas lanternas, procurando mantê-las acesas durante o trajeto da vida. Ficamos furiosos quando alguém nos convida a apagá-las, mesmo que seja por alguns instantes.

Quando nos concentramos e nos preocupamos demais com as coisas sobre as quais não temos controle, corremos sério risco de afetar negativamente aquelas sobre as quais temos.

Em geral, estamos tão preocupados com a lanterna em nossas mãos que mal conseguimos observar as belezas que sua luz ilumina.

CAPÍTULO 5

Domingo, 11h55 (1hora e 10 minutos na caverna).

"Como é interessante a escuridão" – pensei eu, ao colocar o pé no primeiro degrau da escada, enquanto todos iluminavam de baixo para cima. "Mesmo sendo imensa, enorme, preenchendo toda a caverna, a escuridão se rende e desaparece à medida que a luz se aproxima. Nenhuma escuridão, por maior que seja, consegue vencer a força de uma pequena chama de luz".

A cada novo degrau que eu subia, a chama do meu reator iluminava o próximo degrau, fazendo sumir um abaixo. Olhei para cima, tentando observar o teto, mas ele estava longe demais para que a iluminação o revelasse. Tive a sensação de estar em céu aberto, em uma noite muito escura. A brisa, proveniente do sistema natural de ventilação da caverna, reforçava essa sensação. Quando cheguei ao meio da escada, parecia estar flutuando: nada à minha direita ou à esquerda, nada acima, e abaixo somente a luz das lanternas de meus colegas de expedição.

Subi até o platô e fui seguido pelos demais.

Dali, poderíamos tomar dois caminhos: continuar a rota turística, que nos levaria para outros salões já conhecidos, ou então escolher a direção do "Salão dos Cristais", um caminho que não estávamos autorizados a fazer, mas que era o nosso maior anseio naquela manhã.

A diferença de um passo entre mim e Júnior nos colocava em áreas totalmente distintas naquela caverna. Júnior estava na área turística e eu na área restrita.

Nossos próximos passos nos levariam a galerias cada vez mais distantes do roteiro conhecido e sabíamos que deveríamos, a partir de então, utilizar técnicas de mapeamento do caminho.

— Ricardo – disse Carlos, com a autoridade de quem criou aquele método de marcação. – Sua responsabilidade será demarcar o caminho de retorno. Você já fez isso em outras ocasiões. Basta fazer o mesmo procedimento.

— Pode deixar comigo. Se existe algo que eu goste de fazer, é isso.

Algumas responsabilidades que recebemos na vida são tão grandes e importantes que somente com amor e dedicação é possível assumi-las de forma completa.

Em apenas alguns segundos, todo o grupo já estava na área de visitação restrita. Em alguns minutos, já estávamos em uma área na qual não seríamos facilmente descobertos por quem quer que seja. Qualquer improvável grupo que estivesse na área turística, naquele dia das mães, visitando uma caverna na hora do almoço, não conseguiria perceber nossas luzes, nossos sons ou nossa presença. Éramos cinco pessoas não localizáveis, isoladas do mundo, incomunicáveis, e isso trazia uma sensação de liberdade como nenhuma outra.

As pessoas poderiam sentir mais essa sensação em suas vidas. Desligar-se totalmente do trabalho nas férias ou no final de semana já seria um bom começo. Mas as obrigações sempre são pesadas demais para que possamos nos dar o prazer de aproveitar tudo aquilo que o trabalho já nos proporcionou.

Durante os próximos passos, como não poderia deixar de ser, o grupo se envolveu em uma conversa bastante animada sobre diversos assuntos, que foi interrompida pelo súbito surgimento de uma parede. Parecia estarmos em um túnel sem saída.

— Acabou o caminho? – Adriana estava inquieta com tal possibilidade.

— Não. Ele só mudou de direção. Antes era pra frente, agora é pra cima, subindo esse paredão... – apontou Júnior.

A inquietação de Adriana se tornou mais evidente:

— Mas sem material de escalada não dá para continuar por aí...

Nem sempre estamos dispostos a encarar as mudanças de caminho que aparecem na nossa frente. Sobretudo quando tais mudanças exigem mais esforço e dedicação.

— Fique tranquila – Ricardo retirou a mochila das costas. – A inclinação é pequena. Aqui dentro, devido à pouca iluminação, temos a ilusão de que é muito íngreme. Mas é só uma ilusão.

— Nas cavernas, podemos aprender com as aranhas – comentei. – Vamos subir usando braços e pernas ao mesmo tempo.

Enquanto falava, me posicionei no trecho íngreme, com mãos e pés no chão. Com firmeza, comecei a subir, mostrando que o trecho seria facilmente vencido.

— Além de tudo, é um trecho bem pequeno.

— Eu não vou conseguir – murmurou Adriana. – É muito íngreme para mim.

Não podemos nos entregar antes de tentar! Sem colocar os pés ali, Adriana já havia proclamado sua derrota.

— Vai conseguir, sim – tentei tranquilizá-la. – Aqui de cima, posso te dar a mão se você vencer os três primeiros metros.

— Não, não vou conseguir. É melhor voltarmos.

Júnior envolveu Adriana em seus braços:

— Olha, não tem o que dar errado. É apenas uma ilusão de ótica devido à escuridão. Como você não vê claramente a profundidade, tem a sensação de ser mais difícil do que realmente é. Tente subir.

— Para vocês é fácil falar. Estão acostumados a andar feito aranhas aqui dentro. Eu nunca entrei em uma caverna, e vocês disseram que os trechos verticais eram superados com escadas.

— No trecho turístico temos escadas – falou Ricardo já impaciente. – Mas aqui não...

— Vocês vão em frente. Eu fico aqui esperando. Vocês vão demorar muito?

"Não acredito" – pensei – "Ela vai deixar de ver o Salão dos Cristais porque está com medo de subir um trecho um pouco mais inclinado do que a da rua da casa onde mora".

— Ok – concordou Carlos. – Se você quer ficar aqui, não podemos fazer nada. Voltaremos logo.

Carlos subiu os quatro metros em questão de segundos.

O mesmo aconteceu com Júnior e Ricardo. Lá de cima, olhei para a lanterna de Adriana. Ninguém estava disposto a abrir mão de conhecer um dos mais belos salões de estalactites do mundo para fazer companhia a ela.

— Venha, Adriana – gritei. – É fácil.

Ela sinalizou que "não" com sua lanterna.

Mesmo depois de ver todo mundo subindo com tanta facilidade, ela ainda acredita que é difícil, e não se permite ao menos tentar.

Eu sabia que deixá-la ali não seria uma boa ideia. Eu precisava mostrar que era possível conseguir. Bastava que ela acreditasse em si mesma.

Então decidi que deveria descer o platô, com um único objetivo: fazê-la acreditar que era possível.

"Acredite que impossível é somente aquilo que você ainda não tentou."

Quantas barreiras intransponíveis seriam facilmente superadas, se nos déssemos o direito de tentar?

Assim como Adriana, somos colocados frente a diversos obstáculos em nossas vidas, e pensamos: "Eu não vou conseguir". Então, desistimos e deixamos de apreciar as belezas reservadas àqueles que decidiram tentar.

A ilusão de uma parede íngreme em uma caverna pode ser facilmente comparada à ilusão de que muitas dificuldades trazem à nossa mente e ao nosso coração, mostrando-se grandes demais para a nossa coragem.

Olhando lá de cima, eu sabia que seria tão fácil para Adriana quanto foi para cada um de nós. A grande barreira que Adriana enfrentava não estava naquela caverna, mas sim dentro dela e das limitações que ela mesma havia criado.

Comecei a me lembrar de como seu medo havia surgido. Sem dúvida, o momento crucial foi aquele em que Júnior se referiu àquela pequena subida com a palavra "paredão", tornando um simples caminho um verdadeiro desafio.

Somos nós mesmos quem criamos nossas próprias armadilhas. Acreditamos em nossas limitações e, a partir de então, tal "verdade" se torna tão absoluta que não conseguimos ver outras possibilidades, nem nos damos o direito de tentar. Assim é com o auxiliar administrativo que um dia sonhou em ser presidente da empresa, mas disseram a ele que aquilo era sonhar alto demais... Trinta anos depois, ele irá se aposentar como chefe de seu departamento, olhando um office-boy que ele mesmo contratou há alguns anos, sentado na cadeira que um dia ele almejara.

Conto em minhas palestras uma fábula que narra a história de cinco alpinistas subindo uma montanha, e centenas de pessoas na base dessa montanha, gritando e incentivando:

— Vamos, força, vocês vão conseguir...

Todos estão subindo com um excelente desempenho, até que começa a chover. O público lá embaixo, sem conhecer a porosidade da rocha, começa a entrar em desespero e a proclamar em coro:

— A pedra vai se tornar escorregadia. Com a chuva vocês não conseguirão chegar ao topo, é melhor voltarem. Voltem! Voltem! Voltem!

Ao ouvir aquilo, os alpinistas começam a subir mais devagar, alguns chegam a escorregar e dois deles decidem retornar. Mas um deles continua firme e forte em direção ao cume, mantendo o mesmo ritmo e velocidade, sem escorregar uma única vez.

Sua jornada é firme, intensa, focada... E em pouco tempo, aquele único alpinista alcança o cume, olha para os lados, boquiaberto: onde estariam seus colegas? Ao olhar para a base da montanha, percebe que dois voltaram e outros dois estão pendurados em uma corda, aguardando serem resgatados após terem escorregado.

— Como escorregaram? – indaga ele em seus pensamentos. – A pedra é extremamente porosa...

A explicação para esse alpinista ter chegado ao topo quando todos sucumbiram ou desistiram é bastante simples: ele era surdo e, assim, não se contagiou com o tamanho do problema que a multidão apresentou em coro.

O ser humano tem o estranho hábito de cultivar "crenças limitantes". Acreditamos que podemos ir até certo ponto, e dali em diante o caminho não é mais nosso. Se assim acreditamos, estamos certos. Por outro lado, se acreditarmos que podemos ir além, também estaremos certos.

Os limites de nossos caminhos residem nas crenças que cultivamos em relação a eles. Muitas pessoas apostam no fracasso, na derrota, na desistência. Fazem isso porque sua experiência de vida diz que "não é possível" e que "já tentaram". Porém ninguém consegue dirigir um carro olhando apenas para os espelhos retrovisores. Se queremos novas oportunidades e conquistas no futuro, é nessa direção que precisamos olhar.

Entregamos demais nossa razão para as "verdades" proclamadas por outras pessoas, e não ousamos descobrir os tesouros que perdemos por isso. A questão é: no futuro, essas pessoas estarão ao nosso lado para nos ajudar a administrar nossas decepções?

Antes que seja tarde demais, escolha experimentar em sua vida os caminhos que são difíceis demais para a coragem dos outros. Você pode descobrir que o medo que sente não é nada além do fruto de sua imaginação.

Não importa o que você esteja empreendendo em sua vida, qual sonho você esteja realizando ou buscando, o fato é que você sempre vai encontrar um ponto em que "desistir" é mais fácil do que "continuar". A faculdade que você interrompeu, a promoção da qual você desistiu, o carro que você tanto queria e os objetivos que não saíram do papel...

Todos esses projetos que deixamos para trás tiveram em comum a "hora da verdade", o momento em que parar é mais fácil do que continuar. E é exatamente o que você decide nessa hora que vai definir as metas que você vai atingir. Pergunte a qualquer pessoa de sucesso se em algum momento ela teve que decidir entre "desistir" e "continuar". A grande maioria irá narrar em detalhes as dificuldades dessa decisão, mas também os benefícios em escolher o mais difícil.

E por que tais pessoas escolheram continuar? Bem, essa decisão está relacionada à coragem, ao espírito empreendedor, à visão e às metas claras, aos objetivos consistentes e à paixão por realizar grandes feitos.

Ali, naquela caverna, Adriana não tinha um objetivo claro e verdadeiro. Chegar ao "Salão dos Cristais" era um objetivo somente nosso, de exploradores mais experientes. Para ela, aquilo era só uma aventura e, por isso, se dava o direito de parar no meio do caminho.

Tanto ela como nós ainda tínhamos a opção de desistir.

Mas isso iria mudar logo, logo... Antes que pudéssemos imaginar.

Para onde nós iríamos? Bem, todos ali naquela caverna achavam que sabiam... Apenas achavam...

CAPÍTULO 6

Domingo, 12h45 (2 horas na caverna).

— Não podemos deixá-la sozinha – falei baixo para que Adriana não ouvisse.

— Fique tranquilo, em pouco tempo estaremos de volta. Se ela não quer subir aqui, vai dar muito mais trabalho lá na frente. Tem outra subida, ainda mais acentuada, que está uns 100 metros à frente – explicou Carlos.

— Então, alguém tem que ficar com ela. Você conhece a regra – continuei – nenhum novato fica sozinho. Se der um desespero e ela resolver ir embora, pode se perder.

— Ela não vai dar um único passo sozinha.

— Eu fico com ela – afirmei, já descendo com pés e mãos no chão.

Se ela tem medo de subir, nem imagina como parece mais difícil quando estamos descendo, pensei.

— Pode ir – gritou Adriana, parecendo saber qual a nossa preocupação. – Eu não vou sair daqui. Espero vocês voltarem.

— Eu não desci até aqui para ficar com você, Adriana. Eu vim aqui para mostrar que você pode subir.

— Meu Deus! Quanta insistência! Eu estou bem aqui, não quero subir.

— Não invente uma mentira para justificar o seu medo. Você quer subir, sim; caso contrário, nem teria entrado na caverna.

— Já disse que estou bem aqui.

— Ok. Sei que você não quer subir nem quer ficar sozinha. Então proponho um acordo.

Sua expressão revelou claramente o que ela pensava: "Você é muito chato!".

Muitas vezes na vida temos que decidir entre duas coisas que não queremos.

PRA VALER

Antes que ela pudesse protestar ou contrariar, fui propondo os termos:

— Você coloca as mãos e os pés sobre o trecho íngreme e tenta dar dois passos, se você provar que não consegue, eu fico aqui com você até eles voltarem. Mas se você der dois passos, e sentir que pode dar o terceiro, você continua...

— É melhor ela não vir – gritou Carlos lá de cima. – Vamos perder muito tempo.

Olhei fixamente nos olhos de Adriana:

— Viu só? Ele acha que você não pode... Sua falta de confiança o fez pensar que você é incapaz.

Todos os seres humanos gostam de desafios. Eles nos dão força e coragem porque nos estimulam a mostrar nosso potencial.

Adriana sussurrou em meu ouvido, e senti que ela estava cedendo: – Mas e se eu falhar? Vai ser pior ainda...

Ela estava admitindo a possibilidade de falhar. Isso representava uma melhora, pois quem considera a possibilidade de falhar, no fundo, também está considerando a possibilidade de êxito.

— Não se preocupe com isso. Coloque as mãos e vá dando apoio com as pernas – indiquei o caminho.

Adriana olhou no fundo dos meus olhos, com uma expressão que misturava medo e pedido de clemência.

Percebi, nitidamente, que ela esperava que eu dissesse: "Você não precisa fazer isso. Fique aqui e eu permanecerei com você". Muitas vezes esperamos apenas o apoio de um "aliado" para desistirmos. Eu não seria esse aliado. Fiz um gesto com a cabeça indicando que ela continuasse.

A mão trêmula de Adriana encostou-se na parte mais baixa do trecho íngreme. Ela se inclinou, de forma que seus pés ficaram na parte horizontal.

— Lembre-se do acordo. Você vai colocar os pés e as mãos.

Adriana posicionou primeiro o pé direito, depois o esquerdo no trecho inclinado.

— Vamos lá: um passo acima com a mão direita.

Ela o fez.

— Repita com a perna esquerda.

Ela repetiu o movimento, e instintivamente colocou a mão esquerda à frente.

— Isso. Mais um passo e você poderá avaliar se irá continuar.

Precisamos experimentar os desafios, antes de afirmar que não somos totalmente capazes.

Adriana olhou em minha direção. Aquele olhar de medo havia sido substituído por um olhar de confiança.

— Ok. Vamos para o terceiro...

Antes que eu pudesse concluir a frase, Adriana já estava subindo em perfeita sincronia. Pernas e braços se alternavam, impulsionando seu corpo para frente. Mais alguns segundos e ela já estava ao lado de Carlos.

Subi em seguida, e cheguei a tempo de observar a sensação de satisfação de Adriana. Era como se ela tivesse alcançado um grande objetivo.

— Pode deixar, gente – disse ela ainda em estado de euforia. – Daqui em diante eu vou à frente do grupo.

Rimos animadamente. Mas a ideia me parecia interessante. Dessa forma, não teria ninguém antes dela para dizer o quanto poderia ser difícil uma situação que, na verdade, era fácil.

Olhei para o corredor de calcário branco que se apresentava à nossa frente. Ali eu já podia sentir que estávamos em um ambiente diferente, onde poucas pessoas passavam. Nas laterais do corredor havia pequenas e frágeis helictites, formações quase transparentes que "brotavam" das paredes e se alongavam nas mais variadas direções, desafiando inclusive a lei da gravidade. Naquela mesma aventura, cem metros à frente, descobriríamos que nós também teríamos que desafiá-la.

"Troque o medo pela oportunidade."

Existe uma tensão proveniente do medo. Todos nós já passamos por essa sensação em momentos diferentes de nossas vidas. Em níveis de intensidade variados, sentimos aquele misto de "dor de barriga", vontade de fugir e, em alguns casos, a certeza de estarmos paralisados.

Sentir medo é normal. Quando novas situações se apresentam à nossa frente, encará-las é uma questão de superar nossas resistências internas, que naturalmente irão aparecer.

Uma promoção, uma mudança de casa, um novo amor, um novo projeto ou um novo desafio... Essas são situações que nos colocam exatamente onde Adriana estava naquela caverna: com a sensação de que "se eu falhar será pior". Pensando assim, muitas pessoas não aproveitam as oportunidades que aparecem e preferem continuar na zona de conforto, onde não há crescimento nem novos desafios.

Muitos escolhem esse caminho e depois reclamam que a vida não lhes dá oportunidade, sem perceber a quantidade de opções que temos a cada dia.

A melhor maneira de justificarmos essa paralisia é encontrar uma boa desculpa para não encarar os novos desafios. Ouço pessoas dizendo "que não estão preparadas para a promoção para a qual foram indicadas", "que já moram há tantos anos em uma cidade e que não se acostumarão em outra", "que estão muito velhas para se aventurar no amor". Ao mesmo tempo em que pronunciam tais palavras, salivam de vontade de viver essas novas aventuras e sonhos, mas preferem se enganar, gerando, em si mesmas, um sentimento convincente de que é melhor esquecer tudo aquilo que realmente desejam.

A mais famosa parábola de Esopo retrata tal sentimento. Depois de pular muitas e muitas vezes tentando pegar as uvas que estavam extremamente apetitosas, a raposa preferiu simplesmente se enganar e acreditar que as uvas estavam verdes. Entretanto a raposa ainda tentou algumas vezes antes de arrumar sua desculpa. Muitos sequer se dão o direito de tentar e, assim, perdem aquilo que poderiam facilmente conquistar.

Se todos os seres humanos se entregassem mais às suas desculpas do que às suas determinações, não teríamos paraolimpíadas, não é verdade?

Sentir medo do "novo" e do "difícil" é normal. O que não é normal é permitirmos nos paralisar pelo medo. Se não encararmos os grandes desafios que estão à nossa espera, não teremos a sensação única de vitória reservada àqueles que não se permitiram paralisar.

Vamos aproveitar ao máximo as oportunidades que desfilam todos os dias à nossa frente.

Na mitologia grega, a oportunidade é representada por Kairós: uma figura que é careca na nuca e tem uma trança na testa. Seu estranho "corte de cabelo" nos lembra de que as oportunidades são únicas em nossos caminhos. Se não as agarrarmos quando estão vindo (trança na testa), não teremos como segurá-la depois que passou (nuca careca). E quantas vezes não olhamos para trás e pensamos: "Eu deveria ter aproveitado essa oportunidade. Agora é tarde demais para voltar atrás".

As palavras de Adriana, ao admitir que seria possível escalar aquela parede, também pode nos ensinar sobre nossos medos:

"Mas e se eu falhar?"

O medo de falhar é o principal motivo pelo qual muitos deixam de empreender seus sonhos. Quantos "E se..." construímos em nossa cabeça?

Mas, sobre isso, nós aprenderemos um pouco mais adiante, quando quase entregamos nossas vidas para um delírio coletivo.

CAPÍTULO 7

Domingo, 13h03 (2 horas e 18 minutos na caverna).

Ninguém estava acreditando que eu realmente queria deixar Adriana ir à frente do grupo.

— Isso é uma loucura! – protestou Carlos, sussurrando ao meu ouvido, enquanto Adriana conversava animadamente com Júnior. – Ela nem sequer conhece o caminho. Como pode ir à frente?

— Calma, Carlos – justifiquei. – Nós estaremos exatamente atrás dela, orientando seus passos. Eu tenho um bom motivo para querer deixá-la ir à frente.

— Tudo bem, mas você se responsabiliza por qualquer coisa que venha a acontecer com ela ou com a gente.

— Ok. Você vai logo atrás dela indicando o caminho – orientei, já dando a boa notícia para Adriana. – Você vai à frente, mas o Carlos indica o caminho.

— Pode deixar comigo – disse ela, cheia de confiança.

Como ganhamos força e confiança quando superamos um obstáculo! Sentimo-nos mais fortes e prontos para enfrentar o que vem pela frente...

Os próximos 100 metros eram muito tranquilos. Embora eu nunca houvesse explorado aquela área da caverna, me lembrava nitidamente do que os mapas mostravam: após a subida do primeiro trecho, tínhamos um corredor ornamentado por helictites e estalactites, totalmente horizontal e sem saídas laterais. Deixar Adriana ir à frente era como deixar uma criança dirigir um carrinho de parque de diversões, onde a criança tem a sensação de estar no volante, mas na verdade não está conduzindo absolutamente nada.

Muitas pessoas conduzem suas vidas assim. Fingem estar no comando, mas deixam que os demais conduzam os seus caminhos.

PRA VALER

Ali, naquele momento, era importante Adriana se sentir forte e valorizada, afinal, eu também me lembrava do que os mapas mostravam após os 100 metros de corredor reto e horizontal: um paredão de verdade a ser escalado.

A beleza das formações rochosas, depositadas ao longo dos milhões e milhões de anos, encantam os olhos de qualquer um. Não importa se você já esteve dezenas de vezes em uma caverna, ou se é sua primeira visita ao subsolo de nosso planeta, sempre será uma experiência mágica observar a obra da natureza criada com a paciência do gotejar da água.

Subir até a região do "Salão dos Cristais" era uma atividade arriscada, pois poucos caminhos permitiam retornar ao leito do rio sem ter que encarar abismos de 30, 40 e até 100 metros, o que significava a necessidade de materiais específicos, treinamento e toda uma logística para a qual não estávamos preparados. Mas eu não precisava me preocupar com isso, afinal, Ricardo estava fazendo a marcação do caminho de retorno e desceríamos exatamente pelo mesmo caminho que estávamos subindo, um dos únicos que não possuía abismos em seu trajeto. Ao lembrar-me disso, resolvi confirmar:

— E aí, Ricardo? Tudo certo com as marcações de retorno?

— Tudo certo. Até aqui é fácil porque estamos praticamente em uma rota linear. Daqui a pouco estaremos na região do "Queijo Suíço" e, aí, precisaremos de mais atenção.

— Conto com você.

Nada me preocupava mais do que aquela região da caverna denominada "Queijo Suíço" – um complexo de galerias e túneis que se interligavam em todas as direções, com desníveis, aclives e declives. Relatos diziam que, em 1965, uma expedição italiana havia se perdido nessa região e os integrantes quase não saíram vivos da caverna. Foram salvos por uma equipe de resgate que foi acionada doze horas depois do prazo previsto para a saída da caverna. Tal incursão, batizada de "Operação Lontra", tinha homens fisicamente preparados para passar quatro dias no interior da caverna, com alimentação, reserva de luz e o objetivo de perceber como o relógio biológico se comportava na ausência total de iluminação natural. Quando a equipe se perdeu no complexo "Queijo Suíço", ao final do terceiro dia, o objetivo da operação foi suspenso e todos ficaram esperando a equipe de resgate chegar. Eu nem queria pensar nisso, afinal, teríamos que passar pelo "Queijo Suíço" para chegar ao "Salão dos Cristais", mas nesse caso ninguém sabia que estávamos lá. Se nos perdêssemos, não haveria equipe de resgate.

O caminho em direção ao nosso objetivo estava em uma detalhada orientação de rotas e rumos, que incluía mais de vinte indicações como: "Mantenham-se nos túneis da esquerda nas cinco primeiras bifurcações, depois escolham por duas vezes seguidas os túneis da direita, passem pela passagem estreita que se encontra abaixo da pedra de filito". Essas orientações haviam sido escritas por Carlos quando visitou o "Salão dos Cristais" com uma equipe do parque há três anos. Ele sabia que um dia poderia ser útil. Perguntei se não seria melhor levarmos um mapa, Carlos me convenceu ainda antes de viajarmos que isso não era necessário. Ele tinha experiência e anotações que, associadas ao método de marcação de retorno, nos conduziriam tranquilamente pelo "Queijo Suíço".

Naquele complexo seria impossível Adriana ser a primeira do grupo, mas ela já teria passado pelo que considerávamos o pior. E o pior se aproximava a cada passo: uma parede bastante inclinada e alta, onde espeleólogos experientes tinham fixado pedras artificiais que serviriam de suporte para pés e mãos. Uma trilha vertical bem delineada.

Adriana, por estar na frente do grupo, foi a primeira a perceber que o corredor acabara.

— Acho que tomamos o caminho errado. Mais um corredor que "acaba" em uma parede.

Logo atrás de Adriana, Carlos estava em uma posição privilegiada para mostrar por onde continuava o caminho. Sem dizer nada, pegou a mão de Adriana, que segurava a lanterna, e vagarosamente foi varrendo com a luz, de baixo para cima, a parede que encerrava aquele corredor. Quando a lanterna apontava para quase 90 graus, parou.

Havia um pequeno espaço entre o teto do túnel, o lugar onde estávamos e a parede que o encerrava. Então disse:

— É por lá que vamos passar.

Adriana olhou para trás incrédula, imaginando que fosse uma brincadeira.

— Mas é fácil – complementou Ricardo. – Temos as pedras de apoio para sustentar os pés e mãos.

Adriana apontou novamente a lanterna para a parede e percebeu que as pedras estavam posicionadas de uma maneira que facilitava a subida.

— Fiquem tranquilos – disse ela. – Já subi um trecho íngreme sem apoio dessas pedras. Posso subir este também.

Tornamo-nos mais corajosos depois de vencer uma batalha! Isso nos motiva a enfrentar outras e uma vitória sempre nos dá a confiança necessária para encararmos desafios ainda maiores.

— Agora você não pode ir à frente – interpelou Júnior. – Precisa ver como percorreremos a trilha vertical.

Adriana voltou seu pé ao chão, e abriu espaço para que Júnior passasse. À medida que subia, Júnior explicava:

— Se você prestar atenção, todas as pedras foram fixadas para permitir seu movimento vertical com naturalidade. Basta colocar mãos e pés nas primeiras pedras certas e, depois, instintivamente, você vai encontrando a trilha.

É mais fácil percorrer caminhos que outros já percorreram, mas assim chegaremos somente até onde eles já chegaram. Se quisermos chegar a novos lugares, teremos que enfrentar as dificuldades do caminho...

Ele já estava a mais de dois metros de altura.

— Mantenha a concentração e logo você estará... Sua voz se tornava mais abafada conforme subia.

— ... Aqui em cima.

Adriana se sentiu ainda mais confortável depois de ver Júnior subir.

— Fácil. Agora vou eu.

— Não – eu disse. – É minha vez. Você vai ser a terceira, assim teremos duas pessoas lá em cima caso você precise de ajuda no trecho final. – OK. Mas não vou precisar de ajuda.

Esse é o perigo do excesso de confiança. Todos nós ali talvez precisássemos de ajuda.

Coloquei meus pés e mãos nas pedras que indicavam o início da trilha e senti que ela era realmente intuitiva. Quando eu movimentava uma mão ou pé, lá estava outra pedra no lugar ideal para continuar a subida. Senti que as pedras estavam um pouco escorregadias, mas agarrá-las não era difícil para mãos grandes. Talvez mãos menores tivessem mais dificuldade.

Cheguei ao topo da parede, usei a parte superior do teto para dar um último impulso para o planalto, que já fazia parte do "Queijo Suíço". Lá estava Júnior, feliz e radiante, observando o emaranhado de túneis, que já nos primeiros metros se desdobrava em várias opções de caminho. Ao perceber minha chegada, comentou com olhar distante:

— Imagine a emoção do explorador que chegou aqui na primeira vez.

— Com certeza ele não teve apoio de pedras artificiais.

— É verdade. Acho que é por isso que eu gosto tanto de adrenalina, me dá a sensação de vitória, de que é possível superar e vencer. Desafios me fazem mais forte. Veja esses túneis: enquanto muitos se assustam frente a eles, eu me sinto desafiado... Estou ansioso para entrar em um deles e descobrir o que o "Queijo Suíço" tem a revelar.

Nossa conversa foi interrompida pela voz de Carlos, que soava abafada, lá de baixo:

— A Adriana está subindo, ela vai com o meu capacete, pois o dela não tem iluminação de carbureto e aqui não dá pra segurar a lanterna. Depois vocês jogam o capacete de volta para mim.

Lá de cima, eu podia ver Adriana já posicionada na base da parede. Mãos e pés procuravam o lugar perfeito para seu posicionamento na rocha. Da minha posição, eu também conseguia perceber em suas expressões faciais que havia um grande esforço a cada impulso.

De repente, me dei conta da loucura que estávamos fazendo: ela nunca havia subido uma parede de escalada e já estava dentro de uma caverna, sem nenhum treinamento, subindo uma parede com quase 90 graus. Senti que sua vida corria perigo. Quis gritar para impedi-la de continuar, mas o grito dela antecedeu o meu.

Meus olhos procuraram o que estava acontecendo e, lá de cima, fixaram-se na mão esquerda de Adriana, livre no ar... Sua mão direita segurava com esforço uma pedra, enquanto seus pés escorregavam.

Adriana havia perdido o equilíbrio exatamente na metade da escalada. Tudo parecia acontecer em câmera lenta: seus pés foram escorregando das pedras e ficaram soltos no ar. Sua mão esquerda não conseguia chegar a nenhuma pedra, uma vez que o desequilíbrio fez o seu corpo virar de lado para a parede. Ela estava pendurada somente pela mão direita.

Os olhos de Adriana mostravam um desespero total, ela não conseguia falar absolutamente nada.

Joguei o foco de luz da minha lanterna na mão que sustentava o peso do seu corpo e vi algo que também me deixou completamente mudo: seus dedos estavam escorregando vagarosamente...

PRA VALER

"Perceba que sua vida é feita de muitas coisas importantes."

Quantas vezes as pedras nas quais nos apoiamos simplesmente somem da nossa frente? Aquilo em que mais acreditamos, as pessoas nas quais mais confiamos, os projetos nos quais mais apostamos... Nós nos apoiamos nessas pedras, e quando, por qualquer motivo, elas são tiradas de nosso alcance, nos sentimos perdidos e desesperados.

Agarrados a essas pedras, não percebemos que, por mais simples e intuitivo que um caminho possa parecer, ele sempre oferece seus riscos. Quando apoiados em tais pedras, sentimos que a melhor maneira de permanecermos seguros é continuarmos imóveis. Procuramos encontrar uma sequência de pedras que nos faça sentir confortáveis, que coloque o nosso corpo em uma posição segura, e assim muitos permanecem por anos e anos, ou até pela vida inteira.

Quando nos movimentamos, nos colocamos em risco. Porém sem nos movimentar, estaremos condenados a ficar no mesmo ponto, sem alcançar o objetivo proposto. Mas ficar parado não é nenhuma garantia de segurança, pois com o tempo, as pedras naturalmente cedem.

Muitas pessoas passam uma vida inteira se apoiando em coisas que, fatalmente, serão retiradas delas. Suas vidas estarão, nesse caso, entregues às vontades das pedras.

Com medo de perder tais apoios, ousamos pouco e permanecemos imóveis. Porém o que conta na vida não é as pedras que perdemos no caminho, mas o que fazemos com as pedras que restaram. Fazendo bom uso delas, poderemos alcançar novos apoios e nos sentir novamente preparados para os desafios da escalada da vida.

Algumas pessoas, voluntariamente, escolhem uma única pedra para se apoiar e acabam largando todas as outras, sem se darem conta de que nenhuma pedra é tão segura quanto podemos supor.

Recentemente, conheci um executivo que trabalhou dois anos em um projeto, em uma grande empresa. Deixou tudo de lado para apostar no tal projeto, que não só o colocaria em evidência na companhia, mas também após a implantação lhe renderia uma promoção significativa. Foram noites e noites sem dormir, finais de semana nos quais a família ficou em segundo plano, viagens para conhecer particularidades de projetos similares em outros Estados e países... Quando se encontrava com colegas da mesma área de atuação, sempre falava misteriosamente sobre o "grande projeto", sem poder dar maiores detalhes, dado o sigilo que era exigido. Em festas de aniversário de família, sentia-se completamente deslocado, pois não tinha com quem comentar tecnicamente os aspectos que envolviam seu trabalho.

Nesse período, mesmo sem perceber, soltou a pedra da "família". Já não o convidavam para as festas, e seu filho passou a jogar futebol com os tios. Sua esposa desistiu de convidá-lo para ir ao teatro e passou a assistir aos filmes no DVD da sala, sozinha...

Seus amigos foram se esquecendo de ligar, afinal, ele sempre estava ocupado, já não fazia falta no boliche. Ele havia soltado mais uma pedra: seu relacionamento social.

Deixou de frequentar a natação, de caminhar pela manhã com o cachorro, e se alimentava na frente do computador com uma refeição à base de catchup, mostarda e qualquer outra coisa que combinasse com esses ingredientes. Ele havia largado a pedra da "qualidade de vida".

Por estar demasiadamente ocupado com o projeto da sua vida, chegava cansado demais na cama para agradecer ao Criador pelo seu dia. Quando não dormia imediatamente, sua mente ficava ocupada com os planos e estatísticas do projeto. Ele também havia escolhido largar a pedra da "espiritualidade".

E assim, uma a uma, as pedras foram sendo largadas e, quando deu por si, percebeu que estava exatamente como Adriana – pendurado em uma única pedra. Mas valeria a pena, era a pedra mais importante de todas: com o reconhecimento, dinheiro e status que aquele projeto traria, seria fácil recompensar e reconquistar todas as pedras que ficaram para trás.

Mas, certa manhã, ao chegar ao escritório, teve seu pensamento bruscamente interrompido pelo toque do telefone.

"Ridículo", pensou ele. "Quem pode estar incomodando a esta hora da manhã a pessoa mais importante da empresa? Espero que haja um bom motivo para isso, afinal, falta menos de uma semana para a implantação do projeto". Retirou o fone do gancho e atendeu da forma grosseira e seca que somente as pessoas que se julgam "o último biscoito do pacote" conseguem fazer:

— Alô. Já aviso que estou ocupado.

A voz do outro lado mostrou-se tranquila. Era o diretor da companhia:

— Bom dia para você também. Você poderia vir até minha sala?

— Já estou indo – respondeu ele, não deixando de disfarçar sua impaciência. "Depois me cobram por resultados", pensou em voz alta, após desligar o telefone.

No caminho para a sala do diretor, passou pela copa e tomou um gole de café, tentando imaginar o que viria pela frente: "Aposto que vão pedir para eu antecipar a implementação do projeto. Ainda bem que trabalhei duro e está tudo pronto. Posso fazer isso amanhã, se quiserem... Vão ficar espantados com minha agilidade".

Pensou que, se isso acontecesse, poderia convidar a esposa para comer uma pizza em comemoração, mas lembrou-se de que ela programara sair com as amigas naquela noite. Ele até achava melhor assim, afinal, ninguém iria incomodá-lo com papos fúteis enquanto sua prioridade era o trabalho.

Tomou o último gole de café, abriu a porta da sala do diretor e entrou sem bater. Antes precisava até ser anunciado pela secretária, agora tinha livre acesso. Sentiu um misto de orgulho e prazer ao tocar as maçanetas douradas; não pôde deixar de pensar que um dia aquela mesma sala seria sua.

O homem que o recebeu tinha cabelos grisalhos, e aparentava uns 60 anos. Pediu que o executivo se sentasse. Ele se sentou impaciente, pois sabia que talvez demorasse mais do que seu trabalho pudesse esperar. O homem grisalho achou divertida a expressão de impaciência do executivo e, sem delongas, foi direto ao assunto:

— Sei que você tem trabalhado duro no projeto nos últimos dois anos e que você é um grande profissional, mas o que tenho para lhe dizer nada tem a ver com isso, não está ao meu alcance decidir o contrário.

O executivo engoliu seco.

— Na tarde de anteontem, nossa coligada na Holanda comprou um lote de ações que a posiciona como majoritária do grupo. Agora ela detém 55% das ações e tem poder de decisão. Ainda ontem, os holandeses pediram para ver todos os projetos em andamento, e sinto lhe informar, mas o seu projeto foi cortado...

— Como assim? – interveio o executivo, como se não estivesse acreditando. – Gastamos milhões na preparação deste projeto e estamos às vésperas da implantação... Não podemos parar...

— Como eu já disse, não cabe a mim decidir isso. É uma questão de estratégia dos holandeses... O projeto está abortado. Também falei com o RH e é interessante que você tire suas férias agora. Quando voltar, conversaremos sobre o seu novo posicionamento...

Por um momento, o executivo sentiu-se completamente sem chão. Todo o esforço de dois anos havia se esvaído. Olhou fixamente para o homem grisalho. Seu semblante, que até então mostrava soberba, agora reproduzia nítidos traços de desespero.

O homem grisalho ficou com dó, mas, mesmo assim, proferiu seu último comentário:

— Agora você pode se retirar, pois, pelo que percebi ao telefone e na sua impaciência ao se sentar, você deve estar muito atarefado. Aproveite seu último dia de trabalho antes das férias.

Sem dizer mais nada, o executivo se levantou. O caminho até sua mesa foi longo, os pensamentos se embaralhavam em sua cabeça. Pensou em ligar para a esposa e pedir auxílio, mas ela estava na academia e ele não se lembrava do número do seu celular. Pensou em pedir ajuda a Deus, mas sentiu-se envergonhado, pois não falava com Ele há muito tempo.

Sentou-se na sua cadeira confortável (que não parecia mais tão confortável assim). Olhou para a planilha em que estava em seu notebook. Aquilo não servia para mais nada agora. O que ele falaria para os colegas de profissão? Como o mercado veria aquilo? O que ele faria nas férias que chegaram tão de repente? Ele não sabia no que pensar.

Então, em um rápido estalo, percebeu o que estava acontecendo: ele havia apoiado toda a sua vida em uma única pedra e ela havia se desintegrado bem na sua frente...

CAPÍTULO 8

Domingo, 13h35 (2 horas e 50 minutos na caverna).

Os dedos de Adriana escorregavam vagarosamente pela pedra. Manter-se ali, pendurada, era muito mais uma questão de controle e equilíbrio do que uma questão de força. Gritei, tentando disfarçar o desespero que transparecia em minha voz:

— Calma, Adriana. Está tudo bem.

Obviamente, ela não acreditava nisso. Se alguém, além de mim, sabia que ela estava escorregando, esse alguém era ela mesma.

— Estou escorregando. Vou cair – gritou ela, com a certeza de que não havia mais nada a fazer.

— Aguente firme – falou Carlos. – Vamos nos apoiar um no outro para tirar você daí.

— Não vai dar tempo – sua voz revelava um choro incontido.

Existem momentos na vida em que precisamos acreditar que vai dar certo, mesmo que tudo diga o contrário.

— Adriana, preste atenção – falou Júnior. – Quanto mais força você colocar na pedra, mais irá tensionar os dedos, criando uma situação perfeita para que sua mão escorregue. Mantenha-se firme à pedra, mas não exagere na força da mão.

Adriana não tinha alternativa, senão ouvir Júnior. Mesmo frente àquela tensão, permitiu-se fazer um pouco menos de força com os dedos. Deu resultado. Sua mão parou de escorregar.

— Isso mesmo. Agora não entre em pânico. Você consegue agarrar outra pedra com a outra mão?

Adriana tentou projetar sua mão em direção à parede, já que seu corpo estava de lado. Mas ali não havia nenhuma pedra para segurar. Percebendo isso, ela entrou em desespero novamente, seus dedos escorregaram um pouco mais.

— Calma – gritou Júnior. – Mantenha o ponto de equilíbrio.

O choro de Adriana parecia incontrolável.

— Está tudo certo – gritou Carlos lá de baixo. – O Ricardo vai subir nos meus ombros e chegará a uma altura muito próxima de você. Ele vai te ajudar a colocar os pés nas pedras.

Vagarosamente, Adriana começou a movimentar lateralmente o corpo, procurando posicionar-se de frente para a parede. Seu pulso fazia um movimento circular e sua mão parecia ganhar mais firmeza para segurar na pedra.

Com o corpo voltado para a parede, Adriana se sentiu à vontade para estender a outra mão e procurar a outra pedra, mas sem o apoio dos pés ela não alcançava e cada novo impulso colocava em risco o apoio que ela já tinha.

Ricardo já estava nos ombros de Carlos e tomou o cuidado de avisar Adriana:

— Estou bem perto de você, e consigo alcançar seus pés. Vou me encostar em um deles e tentar posicioná-lo em uma pedra.

Pensei que agora o risco era maior ainda. Se ela caísse em cima de Ricardo, os três estariam em sério perigo.

— Me ajuda, Ricardo – berrava Adriana aos prantos.

— Vou encostar no seu pé direito e tentar direcioná-lo para uma pedra.

— Tudo bem.

Com cuidado, Ricardo pegou o pé direito de Adriana e, vagarosamente, levou-o em direção ao apoio. Lá de cima, comecei a perceber que os dedos voltaram a escorregar. Meu reflexo foi gritar:

— Mantenha-se firme, Adriana. Estamos perto de tirá-la daí.

Em um movimento um pouco mais brusco e ousado, Ricardo posicionou o pé de Adriana na pedra. Sentindo o novo apoio, ela se percebeu mais segura para inclinar o corpo na parede e assim firmar melhor a mão na pedra que já segurava. Deu certo.

— Vamos lá – continuou Ricardo. – Agora tente apoiar o outro pé.

— Tudo bem – disse ela, ainda muito nervosa, porém mais confiante.

Adriana foi tateando com o pé, até que encontrou a pedra. Mérito dos espeleólogos que tinham desenhado a trilha. Ela era realmente intuitiva. Com os dois pés e uma mão apoiada, Adriana se esticou um pouco, e agarrou a pedra que faltava. Ela estava novamente apoiada em quatro pontos.

Nunca devemos dizer que não precisaremos de ajuda.

— Agora estou firme – disse ela, esboçando um sentimento misto de euforia e alívio. – Vocês precisam me tirar daqui.

Isso só seria possível de um jeito: se ela subisse mais um metro. Então ela estaria a uma altura em que eu e Júnior poderíamos puxá-la. Ela era leve e, se pegássemos um em cada antebraço, da maneira correta, a levantaríamos facilmente.

— Você tem que subir mais um pouco para podermos te ajudar – gritou Júnior.

— Não. Não vou dar mais nenhum passo. Tirem-me daqui.

— Adriana, nós não temos corda e nem como tirar você daí sem sua ajuda.

Algumas pessoas se deixam paralisar, sem perceberem que estão na pior situação possível.

— Não interessa – berrava ela. – Tratem de buscar ajuda, mas eu não vou me mexer.

— Preste atenção, Adriana – falei com um tom mais suave. – Faltam apenas mais algumas pedras para que você chegue a uma altura em que possamos resgatá-la. Confie em mim, você pode...

O olhar de Adriana mostrava total desespero, e mesmo a contragosto ela deu mais um passo.

— Isso, continue... – incentivei, sem ter muita certeza se realmente isso era o melhor.

De maneira natural, Adriana fez mais um movimento e subiu mais um nível.

Júnior e eu sentamos e nos inclinamos no platô, de forma que nossos braços se estendessem na direção de Adriana. Eles chegaram perto.

Desesperada, fez mais alguns movimentos e senti sua mão trêmula chegar perto da minha. Júnior já segurava os seus dedos.

— Me puxem, me puxem.

— Você precisa subir mais um pouquinho. Não é seguro puxá-la pelos dedos. Precisamos entrelaçar nossos pulsos nos seus.

Mais um pouco de esforço, e nossos pulsos estavam entrelaçados. Adriana continuava apoiando os pés nas pedras.

Olhei para Júnior e contamos: 1, 2, 3. Em um esforço medido e concentrado, puxamos Adriana, que gritou desesperadamente ao perceber que seus pés estavam novamente soltos no ar. Mas dessa vez, nós a estávamos segurando.

A força de Júnior, acostumado com esportes radicais e treinamentos contínuos em academias, foi essencial para trazer Adriana ao platô. Sentada no chão, ela entrou em uma crise de nervosismo, ao mesmo tempo em que nos agradecia e nos batia com muita força. Nós a havíamos colocado e tirado daquela situação.

— Acalme-se e deite-se – disse Júnior, enquanto a abraçava.

Ela obedeceu. Em alguns minutos, Carlos e Ricardo chegaram ao platô. Seus olhos também revelavam o terror da situação que havíamos passado.

Não entendi o que eles estavam fazendo ali em cima, afinal de contas, agora o melhor a fazer era voltar para casa. Logo descobri que não era bem assim que eles pensavam, e mesmo assim falei:

— Vocês não precisavam subir. Está tudo sob controle aqui.

— Como não? – espantou-se Carlos. – O caminho continua por aqui.

— Não temos como continuar, Carlos. Depois disso temos que voltar.

— Não passamos por tudo isso para desistir no caminho. O pior já passou. Daqui pra frente é tudo tranquilo e plano.

— Olhe para o estado dela. Você acha que tem condições de continuar?

— Ela já subiu até aqui. O mais difícil já passou.

Júnior interpelou:

— Não é prudente continuarmos. Ela precisa de um calmante, e quer saber a verdade? Nós também... Precisamos de um calmante e de uma boa dose de juízo.

— Então voltem vocês com ela. Eu e Ricardo vamos continuar.

— Ok. É assim que vai ser. Mas ao sair da caverna precisaremos levá-la ao ambulatório e contar que vocês estão aqui. Seremos todos punidos por isso.

— Calma, gente – disse Adriana, que agora parecia a mais calma de todos. – Eu não quero estragar o passeio de ninguém. Vamos ficar todos juntos.

— Sim – disse Júnior. — E na direção da saída, certo?

Carlos olhava para os corredores do "Queijo Suíço" e já fazia análise das suas anotações para dar continuidade ao passeio.

— Sim, eu quero ir embora – disse Adriana. – Mas como vocês vão me descer daqui?

— Infelizmente, não há outro jeito de descer, senão aquele usado para subir. Você observa o que faremos e segue a trilha para baixo – enquanto Júnior falava, notei que, assim como eu, ele também percebia que essa não era a melhor ideia para o momento.

— Eu vou ter que descer por aí e enfrentar essa parede de novo?

— É! Esse é o caminho.

Adriana olhou para baixo e, de cima, a altura parecia maior ainda, então perguntou:

— Aí pra frente tem outras paredes como essa?

— Não – disse Carlos – Agora serão túneis com subidas íngremes parecidas, no máximo, com as ruas que você encontra no nosso bairro.

Então, sem pestanejar, Adriana deu seu veredito:

— Não vamos voltar. Vamos continuar...

Ela não queria descer a parede naquele momento. Nós também sabíamos que não seria o mais prudente. Mas, embora ninguém ousasse falar, estava claro para todos que teríamos que enfrentar novamente aquela situação quando estivéssemos voltando. Era melhor que fosse depois...

Por enquanto, o "Queijo Suíço" tinha outros planos para nós. E esses planos contemplavam surpresas bem mais desafiadoras...

"Encare de frente seus problemas."

Qual o melhor momento para enfrentarmos as adversidades que se apresentam em nossas vidas?

Sempre digo que os problemas fazem parte da vida, mas ser vítima deles é uma questão de escolha.

Ao longo da vida, passamos grande parte do tempo lamentando os infortúnios que são colocados em nosso caminho. Lamentamos a falta de oportunidade, o azar no amor, as dificuldades financeiras, e quando questionados se realmente queremos enfrentar tais situações, preferimos dar as costas. O abismo é íngreme demais para ser encarado.

Mas, ainda que deixemos os problemas para depois, em algum momento teremos que enfrentá-los. Dificuldades financeiras não resolvidas agora se tornarão muito maiores com o passar do tempo. Discórdias com colegas de trabalho tendem a se agravar e tornar o ambiente insuportável. Casamentos que já não deram certo são mantidos sob a alegação de "falsa felicidade".

Quantos casais vivem situações "confortáveis", mas infelizes? Em nome de manter uma posição social, da felicidade dos filhos, da idade que se aproximou ou do costume da convivência, essas pessoas não vivem sua verdadeira vida e sempre deixam para amanhã as atitudes que deveriam tomar agora.

Tais problemas não vão desaparecer com o tempo. Tornar-se-ão maiores e mais agressivos. Serão mais complexos e suas resoluções exigirão, cada vez mais, uma carga de coragem e resultarão em consequências desastrosas.

O melhor momento para enfrentar qualquer problema é o agora. É nesse momento, e somente nele, que as soluções abrem portas para novas oportunidades e trazem a liberdade necessária para uma vida cheia de felicidade.

Não importa o quanto adiemos o embate com os problemas de nossas vidas, uma hora eles irão acontecer. Quando decidimos enfrentá-los, normalmente, percebemos que não são tão complexos e ameaçadores quanto pareciam.

Não se preocupe com o que não está ao seu alcance ou fora do seu poder de decisão. Apenas faça a sua parte, tome atitudes, ouse agir e não passe uma vida inteira preocupado com os problemas que você deixou para amanhã. Provavelmente, Adriana não veria nenhuma beleza naquela caverna, afinal, seus pensamentos e preocupações estavam focados no momento em que ela teria que enfrentar novamente aquele paredão, e essa preocupação não a deixaria ver as belezas naturais que uma caverna de calcário proporciona a seus visitantes. Assim passamos pela vida: preocupados demais com nossos problemas adiados, sem ver a beleza que desfila em nossa frente.

CAPÍTULO 9

Domingo, 14h02 (3 horas e 17 minutos na caverna).

O "Queijo Suíço" era desafiador. Ali no platô, ao olhar para as diversas opções de túneis, eu entendi como a equipe da "Operação Lontra" havia se perdido. Tudo era muito parecido, e os túneis se estendiam de uma forma que desafiava a lógica. Não havia como memorizar qualquer tipo de referência, como pedras ou formações.

Carlos reforçou as recomendações para Ricardo:

— Vá fazendo a marcação do caminho de retorno com cuidado. Temos indicações no papel, mas seu trabalho é uma segurança a mais.

Chegar ao "Salão dos Cristais" era uma questão de tempo. Quantas vezes eu sonhara em estar naquele local? Cheguei a ter medo de morrer sem visitá-lo, mas isso não tinha mais chance de acontecer.

Meus pensamentos foram interrompidos pela pergunta de Adriana:

— O que é marcação de retorno?

— É simples – disse Ricardo. – Está vendo estes adesivos reflectivos em forma de seta? Eles são feitos de um material especial que não agride a rocha e nem deixa resíduos de cola. A cada túnel que sair, eu colarei um adesivo, indicando o caminho de retorno. Ao retornarmos, basta entrarmos nos túneis indicados pelas setas. Na volta, vamos recolhendo o material colado, sem causar praticamente nenhum impacto na caverna.

Adriana pareceu se sentir segura com a explicação. Júnior não.

Embora o método de marcação de retorno fosse teoricamente eficiente (uma criação de Carlos), ele dependia da total atenção do espeleólogo incumbido da tarefa, chamado "marcador". O mais complexo nesse sistema é que o "marcador" está indo em uma direção, mas precisa sempre projetar-se na ótica de quem está retornando.

Uma bifurcação ou acesso ao túnel que passem despercebidos e o caminho de retorno estará em risco.

"É por isso que esse sistema sempre deve ser utilizado em conjunto com outros, como mapas ou referências" – pensei.

No nosso caso, Carlos tinha referências e anotações feitas na última visita. Tais anotações indicariam o nosso caminho. Carlos, como primeiro do grupo, lia em voz alta tudo o que havia registrado na sua visita ao "Salão dos Cristais":

— Nas cinco primeiras bifurcações, devemos nos manter à esquerda.

Carlos entrou no túnel da esquerda e foi seguido pelo grupo.

Ricardo era o último do grupo, por ser o "espeleólogo marcador".

As formações calcárias no "Queijo Suíço" eram simples, porém bastante frágeis. Andávamos com cuidado para não bater em nenhuma formação ou danificá-las. O primeiro túnel terminou e revelou uma nova bifurcação com mais seis opções.

— Nos manteremos à esquerda. Essa é a segunda bifurcação.

Ao sair do túnel, observei Ricardo fixando a seta adesiva no túnel do qual viemos. Ele fazia a tarefa com atenção e profissionalismo.

O túnel seguinte era formado de pedras mais claras e tinha um chão um pouco mais acidentado. Ao término desse túnel, mais quatro opções. Eu sentia que estávamos subindo cada vez mais.

Continuamos subindo pelos túneis e obedecendo as orientações das anotações de Carlos. Já estávamos em uma região bastante alta e bem acima do nível do rio.

A respiração ofegante de Ricardo fez com que Carlos ordenasse uma parada:

— Estamos no meio do trajeto do "Queijo Suíço". Mais alguns minutos e estaremos no "Salão dos Cristais". Como a subida é severa, vamos descansar um pouco.

Nós nos sentamos no chão, concordando com a ideia. Somente Júnior se mostrava impaciente para continuar – vantagem de quem se preparava fisicamente para essas aventuras.

Tirei o cantil de água que levava no meu cinto e dei alguns bons goles.

— É melhor economizar água – orientou Ricardo.

— Não sei por quê. Estamos quase no Salão dos Cristais e até agora meu cantil estava cheio. No retorno, quando chegar ao rio, posso enchê-lo novamente. A água é limpa...

— É! Ela é limpa, mas com certeza tem muito guano.

— Guano? – Adriana riu da palavra que nunca tinha ouvido falar.

— Sim – explicou Júnior. – O nome técnico para cocô de morcego.

Era melhor não tomar a água do rio mesmo. Ri da situação, mas sabia que não passaria sede. Ainda tinha muita água no cantil.

— Bem, pessoal, vou confirmar se estamos no caminho certo. Segundo minhas anotações, precisamos pegar o terceiro túnel da direita para a esquerda. Mas, se entrarmos no primeiro, teremos uma bela e grata surpresa.

— É melhor não desviarmos o caminho – disse Júnior.

— Fique tranquilo. Não vamos desviar o caminho, esse túnel não pode nos levar para nenhum lugar. Entrando nele, só poderemos voltar para cá.

Tratava-se de um túnel sem saída. Mas o que poderia reservar de tão especial um túnel que não levava a lugar algum? Fiquei curioso e fui o primeiro a levantar.

— Vamos lá.

— Vamos deixar a mochila aqui, junto com os cantis. São apenas alguns minutos e já retornaremos. Vocês vão ver algo incrível.

A curiosidade realmente é mãe da aventura. Colocamos os capacetes e tomamos o caminho do primeiro túnel. Ao contrário do que vínhamos experimentando nos últimos trinta minutos, este túnel era uma descida. Descemos por aproximadamente cinco minutos, então Carlos falou, imprimindo o máximo de mistério possível em sua voz.

— A partir deste ponto, vamos sentados por segurança. Aqui não podemos escorregar de maneira alguma.

— Eu deveria ter ficado lá em cima – sussurrou Adriana.

— Não há perigo, se formos assim – retribuí o sussurro, sem ter muita certeza do que estava falando.

Todos nós nos sentamos no chão e continuamos o caminho nos arrastando. O teto foi ficando mais baixo. Não dava para ficar em pé. Mais um minuto de descida sentado no chão, Carlos falou:

— Chegamos. Vou sair do túnel e me posicionar à esquerda. Vocês me acompanhem, mas não tirem a iluminação do chão.

Júnior, que ia à minha frente, soltou um grito de contentamento: – Uhuuuu!!!

O eco mostrou que havia muito espaço aberto. Eu sabia que deveria ser algo incrível. Mantive a iluminação na direção do chão e percebi que, logo após o túnel, o chão acabava em um precipício. Alertei os que vinham atrás de mim, sentei-me na beira. Adriana e Ricardo fizeram o mesmo.

— Estão todos seguros? – perguntou Carlos.

– Sim – disseram.

— Então, juntos vamos apontar nossas lanternas na direção do precipício.

Assim o fizemos. E para o que os meus olhos viram, não há palavras que possam descrever... Eu descobrira naquele momento que o capricho da natureza era proporcional à profundidade em que nos encontramos dentro de uma caverna...

"Antes de lamentar, mude de atitude."

Tudo na nossa vida é uma questão de escolha. Não só a roupa que vestimos ou a cor do carro que dirigimos. Escolhemos a empresa em que trabalhamos, as pessoas com as quais convivemos, os caminhos que tomamos e, principalmente, as atitudes que temos em relação a tudo isso.

E apesar de sermos donos de nossas escolhas, passamos muito tempo reclamando da vida que levamos.

É o chefe que é chato, o marido que não é carinhoso, os filhos que não têm responsabilidade, o emprego que não dá oportunidades... Ufa! Quantos motivos para reclamar...

Recentemente, após uma palestra, ouvi da colaboradora de uma empresa: Fiquei muito motivada ao ver sua palestra. É uma pena que meu chefe está de férias, pois ele precisa ouvir tudo o que você falou... Vou confessar que não aguento mais esse trabalho, as pressões são muitas, as oportunidades são poucas e a convivência com as pessoas está muito difícil. Estou apenas esperando uma oportunidade para sair daqui.

Olhei fixamente para minha interlocutora e me lembrei de algumas dezenas de casos similares que conheço. Lembrei-me de pessoas que chegaram ao extremo, pediram demissão ou fizeram de tudo para serem demitidas e foram para outro emprego. Algumas semanas depois, adivinhem o que aconteceu? As lamentações eram as mesmas: muita pressão, poucas oportunidades e outras dificuldades que se repetiam na empresa anterior. Então, não tive dúvidas, e respondi: Não mude de emprego. Mude de atitude.

Nenhuma escolha é tão significativa quanto a mudança de atitude. O mundo moderno é cheio de pressões, por uma razão óbvia: as empresas sofrem pressão do mercado e pressionam seus executivos, que por sua vez pressionam seus subordinados diretos e assim sucessivamente. Se você não quiser trabalhar sob pressão, terá que escolher funções operacionais, nas quais as pressões são menos percebidas, mas acredite: elas continuarão existindo. Precisamos escolher uma atitude em relação à pressão: a atitude de se envolver com prazos, objetivos, metas e nos comprometer com resultados. A pressão continuará existindo, mas estará aliada a uma vontade interna que neutralizará qualquer sentimento negativo relativo às cobranças que indubitavelmente virão.

Se as oportunidades são poucas, busque atitudes para criá-las. Jamais permita que seu futuro seja traçado pela sorte de "estar no lugar certo na hora certa". Com suas atitudes, crie a "hora certa", faça de qualquer lugar o "lugar certo", esteja você onde estiver. Muitas pessoas que reclamam da falta de oportunidade não mostram seus talentos e habilidades, ficam esperando serem notadas, nutrindo pensamentos como: "Algum dia alguém vai reconhecer meu trabalho e minha dedicação".

Se você não mostrar ao mundo do que é capaz, não culpe ninguém por não o notar. Escolha as atitudes e estratégias adequadas e mostre o que você tem de melhor, não permitindo que as pessoas assumam o crédito do seu esforço e da sua dedicação e, assim, fatalmente as oportunidades aparecerão. A empresa só vai lhe dar uma oportunidade se antes ver em você uma grande oportunidade. Portanto, mostre-se indispensável, ético, responsável e com vontade de crescer. Uma questão de atitude.

Em vez de reclamar que seu marido ou esposa não lhe dá o carinho suficiente, lembre-se de reconquistar seu cônjuge a cada dia. Café da manhã na cama, uma lingerie nova, um perfume envolvente, um beijo sedutor ou uma declaração de amor. Lembre-se da época em que você saia para as baladas com o intuito de conquistar. Você precisava ser atraente e se sentir bonito ou bonita. Produza-se novamente e reconquiste hoje e a cada dia que passa. Mais do que isso: capriche no seu alto-astral, na sua energia e na sua alegria, afinal, ninguém quer estar ao lado de alguém que acorda constantemente de mau humor, que briga por qualquer coisa e que faz os problemas se tornarem maiores do que as felicidades. Sua beleza tem mais a ver com a energia que você irradia do que com a maciez e textura da sua pele ou tamanho dos seus músculos.

Em resumo, acredito que as principais escolhas que precisamos fazer na vida estão relacionadas às nossas mudanças de atitude. E se após essas mudanças as coisas continuarem como antes (porque você mudou de atitude, mas as pessoas à sua volta não), então, e só então, você terá que escolher a atitude de mudar, de romper, de se permitir viver um novo caminho.

Com o passar do tempo, muitas pessoas vão tentando os diversos túneis que se apresentam no "Queijo Suíço da Vida". Mudam continuamente seus caminhos, reclamam das pedras, da subida íngreme, da descida perigosa, da tortuosidade do túnel escolhido... Mudar de atitude não significa mudar de caminho constantemente, mas aprender a calçar o tênis certo para cada caminhada... Nas descidas, solado antiderrapante, nas pedras, solado mais rígido, nas subidas um tênis mais leve... Enquanto insistirmos em usar o mesmo calçado para tudo, sofreremos com os caminhos escolhidos e procuraremos caminhos que se adaptem melhor aos nossos pés. Desviaremos continuamente do nosso caminho, sem chegar ao final de nenhum túnel. Existem realizações que só podem ser atingidas quando encaramos caminhos mais difíceis, íngremes e tortuosos.

E assim como nas cavernas, quanto mais profundamente mergulharmos na vida, mais ficaremos encantados com as belezas que ela reserva para nós.

CAPÍTULO 10

Domingo, 14h26min (3 horas e 41 minutos na caverna).

Uma imensa catedral construída pela natureza! Essa era a melhor forma para descrever o que eu via. Tão alta, que nossas luzes mal alcançavam o teto. Somente todas juntas podiam dar uma breve noção do tamanho daquela galeria. Lá embaixo, o rio deslizava suas águas e uma pequena cachoeira revelava um desnível em seu leito. De onde estávamos, tudo parecia muito pequeno.

— A que altura estamos do rio? – perguntou Ricardo, sem desviar o olhar da paisagem, mas, obviamente, dirigindo-se a Carlos.

— Acredito que a uns setenta metros de altura, bem no meio entre o teto e o leito do rio.

— Quer dizer que aqui tem cento e quarenta metros de altura? – espantou-se Adriana.

— Cento e cinquenta e três metros, para ser exato.

Estávamos posicionados no final de um túnel que saía na parede daquela imensa catedral. Com minha lanterna de mão, varri a parede do lado oposto, inclinei-me um pouco sobre o precipício para descobrir se havia outros túneis acima ou abaixo que permitissem a mesma visão privilegiada.

— Não adianta procurar – disse Carlos. – Este é o único túnel que dá neste salão. Abaixo e acima, você encontrará apenas paredes sólidas, por isso o "Queijo Suíço" tem muitos túneis sem saída.

— Por que o pessoal da "Operação Lontra" não veio até aqui e desceu de corda?

— Na verdade, eles consideraram procurar este túnel. Mas encontrá-lo era tão difícil quanto encontrar a saída. Então, ficaram parados esperando o resgate.

— Pessoal, vamos parar de falar dessa gente que se perdeu aqui – reclamou Adriana impaciente. – Falar de coisa ruim atrai má sorte.

Embora não acreditasse nisso, eu achava melhor observar a paisagem do que ficar comentando algo que acontecera há tantos anos. A natureza é sábia, o som da cachoeira lá embaixo era a trilha sonora perfeita para os dez minutos que se passaram. Aproveitei e fiz uma oração, agradecendo a Deus pela oportunidade de estar ali, de ver e ouvir as maravilhas da Sua criação. Todos os dias, temos a oportunidade de ver o nascer e o pôr do sol, o céu com estrelas pontilhadas e a beleza de uma flor, mas precisamos estar em um lugar como este para perceber o quão belo é o mundo.

Minha meditação foi interrompida pela voz firme de Carlos:

— Bem, pessoal, vamos voltar ao local onde deixamos nossas coisas e seguir em frente em direção ao "Salão dos Cristais". Uma beleza diferente dessa nos espera. E ela está muito próxima.

Para mim, já seria suficiente voltar daquele ponto. A aventura já teria valido a pena.

Se para descer levamos cinco minutos, para subir levamos o dobro do tempo. Carlos agora ia por último na equipe:

— Se alguém escorregar, eu serei o primeiro a cair lá embaixo, gente. Vou servir de colchão pra todo mundo.

Nosso cuidado era muito maior depois de saber que o túnel terminava em um abismo de setenta metros.

Precisamos conhecer os riscos para respeitá-los. Isso não se aplicava a Carlos. Mesmo sabendo todos os riscos, nos próximos minutos ele nos levaria para a parte mais complexa do "Queijo Suíço".

CAPÍTULO 11

Domingo, 14h59min (4 horas e 14 minutos na caverna).

Ao chegar ao salão onde havíamos deixado nossas coisas, senti uma sensação de alívio. Sei que nada poderia sumir de lá, mas a volta pelo túnel me dava a sensação de estarmos andando por um lugar onde nunca havíamos passado. As cavernas têm disso: quando repetimos um caminho em uma direção diferente, temos a sensação de nunca ter passado por ali.

Pegamos a mochila, mas antes de continuar precisávamos reabastecer os reatores de carbureto. Há muito tempo minha chama estava fraca, e a do Ricardo já havia se apagado. Guiar-se somente com a iluminação da lanterna era mais difícil.

Abrimos as carbureteiras, retiramos os resíduos de carbureto molhado e os colocamos em um saco plástico que estava na mochila exatamente para isso. Lembrei-me da frase cuidadosamente gravada na entrada do parque: "Em uma caverna nada se deixa, a não ser as pegadas".

Carlos retirou outro saco plástico da mochila e dividiu o carbureto novo que estava envolvido nele em quatro partes iguais. Cada porção era bem menor do que aquela que havíamos colocado fora da caverna. Carlos justificou:

— Esta é uma porção menor porque levaremos bem menos tempo para sair da caverna. O caminho é só descida, e não faremos desvios no retorno. Além disso, temos lanternas com pilhas, caso seja necessário.

Fazia sentido. Pedras de carbureto são pesadas para serem carregadas em grandes quantidades.

Peguei a porção que me parecia maior e reabasteci minha carbureteira. Todos fizeram o mesmo, e depois, quase que sincronizadamente, cada um pegou seu cantil e colocou a quantidade suficiente de água para a reação química que gerava o gás.

Em poucos instantes, as chamas das carbureteiras estavam brilhando novamente, mais intensas e maiores.

Era hora de continuar.

Continuamos o caminho seguindo as marcações de Carlos. A cada novo túnel, o processo se repetia. Carlos indicava qual dos túneis deveríamos seguir, de acordo com as anotações, e Ricardo fixava uma seta de retorno.

Passamos por túneis mais extensos, por espaços estreitos, onde seria impossível a locomoção de duas pessoas ao mesmo tempo. Vimos estalactites de formosura incomparável, outras não tão belas, mas enormes. Eu me lembrei de que certa vez, lendo um livro sobre espeleogênese (a formação das cavernas), me deparei com a informação de que as estalactites crescem, em média, um milímetro a cada três anos, ou seja, um centímetro em trinta anos.

Era incrível: aquela estalactite ali, na minha frente, com cerca de setenta centímetros, teria aproximadamente 2.100 anos! Ela já estava lá na época de Cristo! O gotejar da água, rica em calcário, deixa na ponta da estalactite uma minúscula precipitação do minério. E gota após gota, a estalactite vai se formando, sem pressa, mas com consistência e firmeza. No fundo, cada estalactite guarda em si a história das milhões de gotas que passaram por ela.

Naquele trajeto, não percebi o tempo passar e me perdi em meus pensamentos. Parecia que tudo era contemplação e silêncio, até que a voz forte de Carlos anunciou:

— Depois deste túnel, mantenham-se em pleno e absoluto silêncio. Não manifestem nenhum tipo de empolgação, admiração ou surpresa com o que vocês virem, afinal, a fragilidade das formações não suporta a vibração do som no "Salão dos Cristais".

"Apaixone-se por deixar marcas."

Paixão por deixar marcas... Ao observar aquela estalactite, percebi como cada gota, ao longo daqueles 2.000 anos teve crucial importância na sua formação.

MAURÍCIO LOUZADA

Por onde passamos, sempre deixamos um pouco de nós, dos nossos conhecimentos, experiências, da nossa forma de agir e ver o mundo. Para cada gota de água, o momento do gotejar, o momento único de ficar suspensa por alguns segundos na ponta da estalactite, quando ocorre a precipitação do calcário, foi essencial para que ela deixasse uma marca eterna na formação daquela estalactite.

Nossa vida pode ser comparada a esse instante único. A vida é uma grande oportunidade de deixarmos nossa marca no planeta, no universo e nas pessoas que convivem conosco e para as que virão depois de nós.

O espaço de tempo que existe entre o nosso nascimento e a nossa partida para outro plano é uma brevidade na qual podemos, a nosso critério, deixar uma marca indelével na construção do mundo e da humanidade.

Isso se aplica também às nossas passagens pelos diversos cargos transitórios da vida. Ora, somos filhos, maridos, esposas, operários, chefes... Em cada uma dessas atividades, podemos desenvolver a paixão por deixar marcas.

Em minhas palestras, constantemente afirmo:

— Embora já tenha ministrado esta palestra centenas de vezes, a cada vez que começo, agradeço a Deus pela oportunidade de fazer a melhor palestra de minha vida. Eu não quero ser mais um palestrante com quem você passou uma ou duas horas agradáveis. Eu quero ser uma pessoa que irá deixar uma marca na sua vida. Quero que você saia deste auditório e pense: "Valeu a pena ter assistido a esta palestra". Ainda que você esqueça meu nome, minha fisionomia e minha voz, eu quero que pelo menos algo que eu diga aqui você leve consigo para o resto da sua vida. Se eu conseguirei ou não deixar essa marca, isso é outra história, mas saiba que eu estou dando o meu máximo para atingir esse objetivo.

Podemos dar o nosso máximo em tudo o que fazemos na vida. Ser o melhor filho, o melhor pai, a melhor esposa, o melhor professor, o melhor profissional... Não se trata de competitividade, pois não precisamos ser o melhor em comparação aos outros, mas ser o melhor em relação a nós mesmos.

Não precisa ser palestrante ou ter uma profissão que coloque você em destaque ou lhe dê fama para marcar a vida de cada pessoa. Você não precisa ser famoso, celebridade ou estrela de cinema para deixar sua marca no mundo. Veja as gotas que construíram a estalactite: não sabemos identificá-las, nem em que momento da história elas gotejaram, mas é fato que cada uma delas foi essencial para a construção dessa obra-prima da natureza.

PRA VALER

Quando escolhemos fazer com amor tudo aquilo a que nos propomos, estamos procurando deixar essa marca para o futuro da humanidade. Do amor nasce a vontade, a garra, a dedicação e a coragem para enfrentar os obstáculos e a predisposição para o aperfeiçoamento.

Podemos a cada dia nos lembrar que "hoje" é o dia perfeito para sermos o melhor que podemos ser, e que só devemos adiar para amanhã aquilo que realmente nunca queremos fazer.

Antes de atuar como diretor de empresas, consultor e palestrante, fui radialista por diversos anos. É uma profissão prazerosa e recompensadora, mas difícil no que diz respeito aos horários, ausência de finais de semana e principalmente do "controle do ego". Nessa profissão, muitos se esquecem da verdadeira razão pela qual estão lá: o ouvinte, e criam uma disputa acirrada entre si para provar quem é o melhor, quem tem maior audiência ou mais ligações telefônicas.

Esquecem-se das milhares de pessoas que ligam o rádio todos os dias em busca de uma palavra amiga, de uma música inspiradora, de um alento frente às suas dificuldades e, principalmente, que essas pessoas não são números ou estatísticas de audiência.

Quando entramos em um ambiente assim, de alguma forma nos contagiamos por ele. Sentindo-me certa vez dessa maneira, e percebendo que o meu "melhor" havia ficado em segundo plano, procurei uma oportunidade de usar minhas habilidades de comunicação em uma causa que me trouxesse à realidade.

Visitei um instituto de cegos e fiz um teste para usar minha voz para ler livros para deficientes visuais. Fui aprovado e passei a realizar um trabalho voluntário semanalmente. Passava uma hora gravando textos de livros didáticos para adolescentes que frequentavam escolas regulares e que não tinham a oportunidade de ler tais livros pela ausência da visão.

Certa vez, ao realizar uma palestra em Recife, fiquei sabendo pelo instituto que um jovem aluno usava um audiolivro de Geografia gravado por mim. Após a palestra, não perdi tempo, me dirigi à casa do estudante, em uma das regiões mais carentes da cidade: Brasília Teimosa.

Lá estava o jovem Fernando, estudando Geografia, sem ler. Com a minha voz, ele havia aprendido sobre o movimento dos planetas ao redor do Sol, o movimento da Terra em torno de si mesma e por que a Lua tinha sempre a mesma face voltada para a Terra.

Ao ouvir minha voz pessoalmente, Fernando se emocionou e disse:

— O rapaz do livro está na minha casa!

Eu havia descoberto que não era a quantidade de ouvintes que poderia determinar o sucesso de alguém, e que se uma única pessoa pudesse se beneficiar com o meu trabalho, tudo já teria valido a pena.

Saí de Brasília Teimosa com a sensação única de participar da vida de alguém que eu sequer conhecia. Eu havia deixado uma marca na vida de Fernando, mas muito maior seria a marca que ele deixara na minha.

No breve gotejar da nossa vida, podemos continuamente desenvolver a paixão por deixar marcas, colocando amor e dando o nosso máximo em tudo aquilo que fazemos.

CAPÍTULO 12

Domingo, 15h15 (4 horas e 30 minutos na caverna).

Passar pelo "Queijo Suíço" não tinha sido tão difícil quanto eu pensava. É verdade que seria impossível memorizar o caminho de volta. Mas isso pouco importava agora. Meu coração estava disparado. Em mais alguns minutos, eu conheceria um dos mais belos salões subterrâneos existentes no mundo.

O túnel que antecedia o "Salão dos Cristais" já era lindo. De uma brancura incomparável, ornamentado por centenas de helictites nas suas paredes e estalactites que pendiam do teto.

— Desliguem todos os reatores de carbureto, fechando a válvula que dá vazão à água – orientou Carlos. – Esperaremos as chamas se apagarem e entraremos somente com a iluminação elétrica das lanternas para a fumaça do fogo não danificar as formações.

Acendi minha lanterna e iluminei as paredes daquele corredor que antecedia a beleza do "Salão dos Cristais". Era um túnel relativamente estreito e baixo, e nos posicionamos em fila indiana. Carlos, eu, Adriana, Júnior e Ricardo.

Ao adentrar naquele corredor, percebi que um silêncio ainda maior parecia fazer parte do ambiente. O som do gotejar das estalactites foram cessando à medida que avançávamos pelo corredor. De repente, percebi que a iluminação de Carlos refletia algo muito grande mais à frente: um conjunto de formações que pendia do teto em direção ao chão, e até ele chegava com uma espessura muito fina. Carlos saiu do túnel e nos conduziu a um grande salão com milhares de formações como aquela.

Eu simplesmente não acreditava no que meus olhos viam. Era difícil segurar a voz, minha vontade era soltar um grito de alegria. Cada um que adentrava naquele salão possivelmente teria aquela mesma sensação.

Minha mente enganava minha razão e acreditava plenamente que tudo ali era feito de gelo. Mas a temperatura constante de 19º C não manteria formações de gelo intactas. Tratava-se de formações rochosas de calcita, dolomita, aragonita e outras tantas "itas" da natureza.

Quando todos estavam no salão, Carlos começou a falar em tom de sussurro:

— Essas formações são chamadas de canudos e unem o chão ao teto em uma composição extremamente frágil.

Olhei para o teto que se projetava a uns dois metros e meio de altura e fiz um rápido cálculo. São 250 centímetros vezes 30 anos... Os canudos do "Salão dos Cristais" deveriam ter cerca de 7.500 anos! De cada canudo pendiam formações laterais menores e frágeis: as helictites.

— Desloquem-se com o máximo de cuidado e não toquem em nada – orientou Carlos.

Olhei para Adriana que estava literalmente de boca aberta vendo tudo aquilo. Movimentamo-nos com muito cuidado. Carlos carregava a mochila na frente do corpo para evitar que ela acidentalmente esbarrasse naquelas preciosidades da natureza.

Olhei para o canto direito do salão e o que vi me deixou ainda mais encantado: uma formação no teto, com algumas dezenas de agulhas feitas de pedra branca que se projetavam nas mais variadas direções. Assim como alguns insetos são atraídos pela luz, meus olhos foram atraídos por aquela formação. Eu não conseguia tirar os olhos daquela obra-prima.

Carlos se aproximou e disse:

— Da outra vez que estive aqui, também me encantei com essa "flor de aragonita".

Este era o nome da formação.

— Mas essa é uma das menores do salão. Acompanhe-me e veja outras.

Segui Carlos pelo meio dos canudos e nossas lanternas revelaram um enorme "jardim" de "flores de aragonita". Os demais chegaram perto de nós e iluminamos aquele conjunto de obras de arte que nenhum museu do mundo poderia guardar.

As obras da natureza só podem ser apreciadas onde foram criadas.

Nos minutos que se seguiram, apreciamos formações com os mais variados nomes: espirocones, formações que lembravam saca-rolhas, helictites, cortinas (resultantes do escorrimento da água em paredes inclinadas), cálices e muitas outras.

Adriana observou:

— Não existem duas formações iguais dentre os milhares que estão aqui.

— Nem aqui e nem em nenhum outro lugar do mundo – complementei.

Nossa atenção foi desviada para Ricardo, que apontava, já há alguns minutos, sua lanterna para a parte mais alta do "Salão dos Cristais", como se procurasse alguma coisa.

Imaginei que ele havia encontrado uma linda formação rochosa e, também, apontei minha lanterna. E então descobri que ele havia encontrado algo que era muito mais impressionante do que minha imaginação poderia supor.

"Reconheça-se como um ser único no universo."

Existe um texto intitulado "Palavras ao Vento", da autora Adriana Falcão, que descreve o significado de algumas palavras de uma forma poética e verdadeira. Em referência à palavra "único", o texto diz assim:

Único: aquilo que, pela facilidade de virar "nenhum", pede cuidado˙.

Somos únicos. Assim como espeleotemas formados nas profundezas das cavernas. Cada um de nós tem uma beleza única e especial, embora tenhamos vindo do mesmo lugar e fisicamente sermos compostos pelos mesmos elementos da natureza. Sem cada um de nós, o mundo seria incompleto. Nossos caminhos também são únicos e especiais.

Ao cuidar de você mesmo, você está valorizando uma obra-prima do universo. Ao cuidar dos seus sonhos, do seu corpo físico, da sua saúde mental, da sua

---

* FALCÃO, Adriana. *Pequeno Dicionário de Palavras ao Vento.* 2. ed. São Paulo: Editora Planeta Brasil, 2005.

felicidade de tudo o que o cerca, você também está cuidando de uma formação rara no universo: a vida que se manifesta em você.

 Apreciemos ainda mais nossa beleza, reconhecendo a singularidade da nossa existência. Assim, poderemos nos tratar com o carinho e cuidado que merecemos, pois somos únicos, e por isso, a nós e por nós, o universo pede cuidado.

CAPÍTULO 13

Domingo, 15h46min (5 horas e 1 minuto na caverna).

— Não pode ser – falou Carlos. – Todo mundo sabe que o "Salão dos Cristais" é a parte final deste trecho do "Queijo Suíço". Não tem continuação.

— Não é o que parece – contestou Ricardo, apontando a lanterna para sua recente descoberta. – A mim parece um acesso que dá continuidade a outras áreas da caverna.

Eu concordava com Ricardo. Todo mundo sabe que a maior satisfação de um espeleólogo é descobrir novas galerias e salões, pisando em um "lugar em que nenhum ser humano já esteve antes". Eu preferia ir embora, a tempo de jantar com minha família naquele dia das mães.

Adriana já se mostrava impaciente:

— Mesmo se for, chegamos ao nosso objetivo e daqui temos que voltar.

— Pode ser uma pequena cavidade com um ou dois metros de extensão, e só – disse Carlos. – Mas só tem um jeito de saber: indo até lá.

Não era uma parede tão alta e nem difícil de escalar. O acesso que Ricardo havia observado era muito pequeno e alguém com sobrepeso não passaria por ali. Não custava ir até lá só para tirar a dúvida: seria um túnel que daria continuidade a outros salões?

Carlos, com sua habilidade de locomoção, chegou rapidamente àquela pequena cavidade, posicionou seu corpo e adentrou no quebra-corpo. Ficamos esperando-o retornar com a informação que todo mundo já sabia: aquilo seria um pequeno túnel sem saída.

Passaram-se dois minutos e vi os olhos de Carlos se projetando para fora do buraco. Mesmo naquela escuridão e àquela distância, eu conseguia ver o brilho de seu olhar. Emocionado e com a voz trêmula, ele falou:

— O complexo "Salão dos Cristais" não termina aqui.

Vamos adentrar em uma área inexplorada da caverna onde...

Falei junto com ele em voz alta:

— ... Nenhum ser humano jamais esteve.

Olhei para Júnior, mas ele não estava mais ao meu lado. Como em um salto, ele já estava subindo por aquela parede levemente inclinada.

Posicionei minhas mãos nas rochas e comecei também a subir em direção à maior aventura de minha vida. Talvez eu pudesse batizar um salão com um nome de minha escolha.

Antes de passar pelo quebra-corpo, ainda consegui ouvir Adriana perguntar para Ricardo:

— Desta vez você fica comigo?

Posicionei-me no quebra-corpo, e durante a passagem, e por um segundo, imaginei a quantidade de toneladas de terra que estava sobre mim. Melhor não pensar nisso.

Não ouvi a resposta que Ricardo deu a Adriana, mas eu sabia que ninguém estava disposto a trocar aquela aventura pelas inseguranças de Adriana. Ela teria apenas duas opções: ou subiria com a gente ou ficaria ali nos esperando.

Se a sua decisão foi a mais acertada, nunca ninguém irá saber.

"Concentre-se em ver aquilo que ainda ninguém viu."

Quantos exploradores já haviam passado pelo "Salão dos Cristais" e nunca perceberam aquele acesso? Ali, o encantamento com as formações era tão grande que quem estava por lá nem imaginava apontar a lanterna para trechos onde não se podia ver uma flor de aragonita ou uma formação rara.

Tal qual aquele acesso, muitas coisas passam desapercebidas em nossas vidas, porque estamos acostumados a repetir comportamentos e ações já realizadas por outras pessoas.

Inovar e ver novas possibilidades são ações comuns para as pessoas de sucesso, mas para nos juntarmos a elas, precisamos ter iniciativa para procurar novos caminhos.

Ricardo havia procurado uma nova oportunidade em áreas que ninguém observava. Todos já "sabiam" que o "Salão dos Cristais" era o fim daquele complexo. Mas desafiar o senso comum levou Ricardo a encontrar uma continuidade.

Tantas vezes na vida já passamos por algo parecido! Uma nova oportunidade não percebida, pelo simples fato de olhar para o mesmo lugar que todos estão olhando, vendo as mesmas coisas!

Em todos os lugares do mundo, os espeleólogos têm algo em comum: a vontade de ser o primeiro a descobrir um novo salão ou "estar em um lugar onde jamais nenhum outro ser humano pisou".

Podemos emprestar esse desejo para nossas vidas, mudando apenas o terreno a ser explorado. Esse novo terreno está dentro de nós e representa aquilo que ainda não fizemos na vida, sensações que ainda não experimentamos e sonhos que ainda não ousamos realizar.

Durante minha adolescência, um amigo me relatou inúmeras vezes uma sensação que experimentava na vida:

– É como se eu não estivesse aqui – dizia ele. – Como se eu estivesse assistindo minha própria vida passando em uma tela, em um filme ou algo parecido.

Ele apenas expressava o que muitos sentem e nem se dão conta: que a vida pode ser para muitos de nós uma repetição de ações e padrões comportamentais.

Para "entrar" nesse filme da vida, precisamos ousar mais e fazer coisas diferentes, coisas que nunca fizemos antes, como saltar de paraquedas, comer uma comida diferente, usar roupas de cores que não estamos acostumados, acordar de madrugada e permitir-nos observar as estrelas.

No dia a dia, podemos fazer pequenas coisas e tomar pequenas ações que nos colocarão nesse caminho de "descobertas". O simples fato de voltar para casa por novos caminhos, mudar da calçada na qual caminhamos quando vamos comprar pão para a outra, no outro lado da rua, propor viagens diferentes daquelas que já fazemos todos os anos nas férias... Enfim, olhar a vida por novos ângulos, propondo uma experimentação do mundo mais ampla e profunda.

A sensação de fazer "algo diferente" nos dá a percepção de que a vida é movimento e ação e que nós fazemos parte dela. Não, nós não estamos em uma sala de cinema, vendo as cenas de um filme acontecer... Nós estamos dentro do filme, e o roteiro... Bem, o roteiro nós fazemos a cada segundo, a cada nova pulsação, a cada inspiração e a cada vez que nossas lanternas iluminam um ponto escuro para onde não havíamos olhado antes.

Lá, pode haver uma descoberta magnífica, que pode nos levar para momentos maravilhosos ou para grandes aventuras.

Mas a vida é assim, feita de riscos, e quem não os vive chegará somente até onde todos já chegaram, pisando em caminhos que, muitas vezes, não são os seus...

CAPÍTULO 14

Domingo, 16h00 (5 horas e 15 minutos na caverna).

Os olhos trêmulos de Adriana revelavam seu profundo arrependimento em ter entrado naquela caverna. O medo não a deixara ver com nitidez a beleza do "Salão dos Cristais". Era evidente que ela pensava o tempo todo em encarar a descida do paredão no retorno. Mas ter que enfrentar outra parede já era demais!

Ficar ali esperando era uma alternativa a considerar, mas ao se sentir totalmente sozinha, e com a certeza de que sua única companhia seria a escuridão, sentiu-se entre a cruz e a espada.

Carlos voltou para auxiliá-la, tomando o cuidado de nos orientar para não darmos um passo sem ele. Passou de volta pelo quebra-corpo e desceu até onde estava Adriana:

— Essa subida tem a mesma inclinação que aquela primeira, que você enfrentou tranquilamente – mentiu ele.

Sem dúvida, não se comparava aos quase 90 graus da parede anterior, mas não tão simples como a primeira parede.

Adriana pareceu acreditar e se posicionou na parede para subir. A experiência anterior a fez ser mais cautelosa e, com certa tranquilidade, chegou ao quebra-corpo que dava acesso à nova área. Sua pequena estrutura física ajudou a passar facilmente por aquele quebra-corpo.

Comemoramos sua chegada, que mais parecia um parto. Batizamos aquele espaço: "Estreito do parto". Em seguida, "nasceu" Carlos. E só então pudemos olhar atentamente em volta.

Era um salão bem menor que o "Salão dos Cristais", mas com formações tão belas e frágeis como as do salão anterior. Batizamos o salão de "Zero Lux", o nome da nossa equipe.

— Podemos reacender as carbureteiras, mas atenção redobrada para não chamuscar paredes, tetos e formações.

Liberei a válvula de água e logo o gás de carbureto já estava no bico de cerâmica, no topo do capacete. Com a luz mais ampla da chama, observei flores de aragonita, muitas helictites e estalactites. Meus olhos varreram o salão e encontraram, ao fundo, cinco túneis. Era a continuação do "Queijo Suíço".

Olhei para Carlos, que esboçava um sorriso próprio de quem está vivendo um momento muito importante na vida.

— Carlos, temos que voltar em outra oportunidade para explorar essas galerias, com mais estrutura, equipamentos de escalada, material de topografia e tudo mais...

— Sim. Faremos isso, mas vamos explorar só um dos túneis agora.

— Eu faço a marcação de retorno – complementou Ricardo, dando apoio à ideia.

— É melhor voltarmos daqui – disse Júnior. – Voltaremos para mapear esta área com autorização do Instituto Florestal.

Carlos sabia que seria difícil explicar como chegáramos lá. O fato de termos entrado na caverna sem autorização poderia nos excluir daquele futuro mapeamento e dar a outros espeleólogos a chance de mapear e descobrir as novas áreas.

Eu e Júnior queríamos voltar. Carlos e Ricardo queriam continuar. Estávamos empatados e só havia uma maneira de desempatar. A decisão estava nas mãos de Adriana, e isso me tranquilizava, pois eu tinha certeza de que ela iria querer voltar.

Eu só não imaginava o argumento que Carlos iria utilizar. Se soubesse, já teria percebido que eu e Júnior éramos minoria.

"Equilibre razão e emoção."

A decisão de Carlos e Ricardo não estava baseada na racionalidade. O medo de não ter a oportunidade de mapear aquele novo trecho e perder a glória de serem os "descobridores" era maior do que a razão de uma exploração segura. Explorar uma área desconhecida requer mais estrutura, mais recursos de iluminação (tínhamos pouco carbureto, embora tivéssemos lanternas a pilha), e com certeza Carlos sabia detalhadamente tudo isso.

Tomamos muitas decisões contagiados pela emoção ao longo das nossas vidas. São decisões irracionais, cheias de sentimento e impulsividade que nos levam a lugares e situações que não gostaríamos de estar ou viver.

Em discussões acaloradas, defendemos nosso ponto de vista frente a qualquer argumento, por melhor que seja. Não importa quem tem razão, nem se os argumentos nos farão mudar de ideia. Precisamos sair ganhadores, acabamos deixando a flexibilidade em segundo plano e, junto com ela, a possibilidade de aprender, crescer e olhar a situação sob outra ótica.

Criamos comportamentos vingativos contra aqueles que erraram conosco e perdemos muito tempo pensando em formas de prejudicar os outros, e assim desperdiçamos o tempo que poderia ser usado na construção de nossos próprios caminhos.

Em relações conjugais, alguns casais desenvolvem uma espécie de "competição" à medida que o tempo passa. Quem manda na relação? Quem cede mais? Quem decide onde será o almoço do domingo? Não se lembram que na melhor época das suas vidas as decisões eram tomadas conjuntamente e, muitas vezes, um fazia questão de ceder aos gostos e vontades do outro como uma forma de amor. "Eu faço isso porque sei que ela gosta". Em alguns casos, o tempo faz a situação se inverter. Inconscientemente, pensam: "Se fizer isso, mostrarei que sou fraco e estou cedendo", e assim a felicidade vai sendo adiada para "sabe-se lá quando". Enquanto isso, cada um, deitado na cama de costas para o outro, pensa: "Bons tempos aqueles...".

Fazemos tudo isso devido ao sentimento desenfreado do "eu preciso fazer isso porque não posso ficar para trás, não posso ficar por baixo".

Equilibrar a razão e a emoção é essencial para tomarmos decisões mais acertadas em nossas vidas. Precisamos em algum momento parar e pensar: "Quais as atitudes que tenho tomado que estão totalmente baseadas em emoção? De que forma eu agiria se pudesse colocar mais razão nesta situação?".

Tenho um casal de amigos que são sócios em uma empresa. Formam um casal maravilhoso, mas não são poucas as vezes que os problemas na empresa acabam refletindo no lar. Isso é normal em todos os casais que possuem um empreendimento em conjunto, mas nesse caso em especial a relação profissional está bastante desgastada. Ele tem uma forte tendência comercial e ela uma incrível capacidade criativa.

Enquanto ele sai à rua para vender, ela cuida de desenvolver novos produtos e aperfeiçoar os já existentes. Recentemente, depois de perderem um grande contrato, entraram em uma "batalha" para mostrar quem era mais importante na empresa. "Sem minhas vendas, a empresa não anda", afirmava ele. Ela, por sua vez, argumentava sem titubear: "Sem o desenvolvimento e aperfeiçoamento de produtos não há o que vender". Ambos estavam certos, mas não perceberam que uma verdade não anula a outra. Nesse período, a empresa entrou em um processo de recessão e quase chegou ao colapso, pois cada um tentava mostrar que seu trabalho era melhor do que o do outro. Não importava mais o que cada um tinha de melhor, mas sim aquilo que podiam apontar de pior.

As dificuldades da empresa se projetaram para os finais de semana do casal e quase que o casamento também se dissolveu. Perdas irreparáveis nas vidas das pessoas e no mundo dos negócios acontecem quando a emoção se sobrepõe à razão.

Em casos assim, não queremos perder a "batalha" para o outro e não percebemos que dessa forma estamos perdendo a batalha para nós mesmos.

CAPÍTULO 15

Domingo, 16h15 (5 horas e 45 minutos na caverna).

— Talvez essas galerias se liguem ao rio da caverna por outros caminhos. Assim, não precisaremos fazer o caminho de volta pelo "Queijo Suíço" e nem enfrentar o paredão de novo – argumentou Carlos, sabendo que sua frase causaria comoção em Adriana.

Embora Carlos não estivesse dizendo nenhuma mentira, encontrar esse caminho seria como achar agulha em palheiro. O próprio trecho conhecido do "Queijo Suíço" era cheio de acessos que davam ao rio, porém a maioria deles com abismos e deslocamentos verticais de 90 graus com vinte ou mais metros de altura.

Naquela área nova não seria diferente, mas Carlos sabia que esse argumento era forte para convencer Adriana a desempatar a decisão a seu favor.

Eu poderia ter argumentado sobre a dificuldade de encontrar tal caminho, mas Adriana tentaria qualquer coisa para se livrar do paredão.

— Eu voto por continuarmos, e talvez encontrarmos um caminho de acesso mais fácil ao rio – disse Adriana, batendo o martelo com relação ao destino do grupo.

— Maioria é maioria – disse Júnior, impulsionado pelo seu espírito aventureiro.

Carlos se posicionou na entrada do segundo túnel e orientou que mantivéssemos os postos na fila indiana, reforçando para Ricardo a necessidade da marcação de retorno.

Precisamente às 16h15, entramos no túnel. Ele não era absolutamente diferente dos demais túneis que havíamos passado naquela tarde, com exceção de ter uma inclinação menos acentuada.

O túnel terminou em uma nova bifurcação, e escolhemos o caminho da direita. Verifiquei se Ricardo fazia a marcação.

O caminho escolhido era um túnel mais baixo, de forma que andamos agachados por uns quinze metros e chegamos a outra bifurcação, agora com três caminhos possíveis. Carlos escolheu aleatoriamente um dos túneis, então Júnior se manifestou:

— Nós não iríamos explorar um único túnel apenas?

— Está tudo sob controle – disse Carlos. – Mais alguns metros e retornaremos.

A passagem por diversos túneis e trechos bifurcados se repetiu inúmeras vezes nos minutos que se seguiram. Nessa parte do "Queijo Suíço", os túneis eram menores e levavam a salões com belas formações.

Percebi que o túnel que estávamos começou a ficar mais estreito e apertado. Carlos se abaixou e disse:

— Fiquem aqui. Vou explorar essa área mais estreita do túnel, mas não seguirei por nenhuma bifurcação. Se eu encontrar uma divisão de caminhos, eu volto.

Como o espaço era bastante pequeno, sentamos e apagamos toda a iluminação. Olhando para a minha direita, eu vi o corpo de Carlos se arrastando no chão, entrando por um túnel onde ele mal cabia. Ele tinha prática em se deslocar com o corpo todo no chão devido aos anos e anos de prática de espeleologia. A iluminação que vinha de seu capacete foi sumindo, e então passamos a ouvir apenas o som oco do deslocamento do seu corpo, que hora ou outra batia na parede, no teto ou em pedras. Dentro de alguns minutos ele estaria de volta, trazendo alguma notícia.

Quando conhecemos as pessoas e seus anseios, somos capazes de até adivinhar seus pensamentos. Naquela escuridão, comecei a me divertir, imaginando o que cada um estava pensando. Ali, cada um tinha uma expectativa diferente com relação às novidades que Carlos traria do túnel.

Adriana esperava que ele dissesse: "O túnel sai em um acesso ao rio, sem paredes íngremes ou escaladas. É um passeio! Podemos voltar por aqui". O que Carlos não havia mencionado para ela é que, mesmo se achássemos outro caminho de saída, alguém teria que fazer o caminho de retorno para retirar as setas de marcação.

Ricardo esperava ouvir algo do tipo: "Encontramos um salão mais bonito e maior do que o Salão dos Cristais. Vamos entrar para a história desta caverna e da espeleologia no Brasil".

A expectativa de Júnior era que Carlos trouxesse a notícia de que o túnel levava para uma grande cachoeira ou algo similar, aonde ele pudesse voltar em outro momento para praticar seus esportes radicais e sentir adrenalina. Esse era o único argumento que faria Júnior entrar em um túnel tão estreito. Na infância, Júnior tinha claustrofobia, e embora adorasse adrenalina, entrar em trechos apertados não era sua especialidade.

Eu esperava a notícia de que não seria possível continuar, que aquele era um túnel sem saída. Queria sair logo da caverna, porque a aventura estava se tornando perigosa demais.

O silêncio de meus pensamentos foi quebrado pela voz de Carlos, que lá de dentro do túnel gritava algo inteligível para meus ouvidos. Acendi minha iluminação de carbureto e troquei olhar com todos. Não pude deixar de perceber uma expressão de espanto no rosto de Ricardo.

Mas antes que eu pudesse falar qualquer coisa, outro grito rompeu o ar, vindo de dentro do túnel. Desse segundo grito, também não entendi nenhuma palavra, mas o tom de voz revelou nitidamente o que Carlos estava sentindo: desespero.

****

Nessas horas não temos nem tempo de pensar no que fazer. Ou ficamos paralisados frente à situação ou agimos sem pensar. Em qualquer um dos casos, somos tomados por uma irracionalidade própria de quem não tem o menor controle sobre a situação.

Instintivamente, coloquei meu capacete e projetei meu corpo para dentro do túnel. Júnior vinha atrás de mim, mas parou assim que percebeu o quanto o túnel ficava estreito à medida que se aprofundava.

— Está tudo bem? – gritei, esperando a resposta de Carlos.

— Estou preso aqui. Preciso de ajuda para sair – agora eu ouvia com nitidez. – Fui tentar virar e...

Sua voz demonstrava respiração ofegante e agitação.

— Fique calmo. Estou indo buscá-lo.

— É melhor você mandar o Ricardo, ele é menor. Você não vai conseguir chegar até aqui.

Ricardo tinha uma estatura bem menor do que a minha. Mas será que era tão apertado assim? Eu me deslocava com certa dificuldade e já estava deitado no chão, me arrastando. O túnel foi ficando mais estreito e percebi que para continuar eu precisava esticar meus braços para frente. Senti que estava me aproximando de Carlos, em um lugar onde ele poderia me ouvir bem. Perguntei:

— O que aconteceu? Como você ficou preso?

— Não sei. O túnel começou a ficar estreito e acabei chegado ao final dele. Aqui no fim tem uma pequena câmara, na qual entrei para tentar fazer a volta... – ele pausou e pude ouvir sua respiração ofegante. – E acabei ficando preso com o corpo de lado.

— Estou chegando, vou te ajudar.

— Está tudo bem aí? – era a voz de Ricardo que vinha da entrada do túnel.

— Estou verificando, Ricardo – gritei.

Os barulhos ocos que vinham do fim do túnel mostravam que Carlos estava tentando sair.

— Fique parado, já estou chegando – eu disse, incrédulo com o que eu via e sentia.

Meu corpo já estava totalmente colado ao chão e o teto do túnel pressionava minhas costas a cada vez que eu respirava, bem ali na minha frente o túnel se estreitava ainda mais. Percebi que não dava para continuar com segurança. Mesmo que eu me esforçasse e tentasse passar com o pulmão vazio, eu corria também o risco de ficar preso.

Carlos tinha razão, era melhor Ricardo passar por ali.

— Carlos, preste atenção.

— Estou ouvindo...

— Não tente sair. Fique calmo, eu terei que retornar e pedir para o Ricardo vir te buscar. Cheguei a um ponto onde não consigo ir adiante. – Tudo bem... Vou esperar, mas não peça para eu ficar calmo. A sensação de estar preso é horrível...

— Eu sei, eu sei. Mas procure relaxar. Lembre-se do que sempre falamos: a importância de não se desesperar.

— Tudo bem. Eu já estou vendo sua luz... Você está me vendo?

— Estou – menti, tentando transmitir tranquilidade.

— Ilumine em minha direção.

Apontei minha lanterna para a continuação do túnel, imaginando que a luz pudesse chegar até Carlos.

Os sons ocos voltaram a preencher o espaço do túnel, mas dessa vez um pouco mais pausados.

— Estou conseguindo me movimentar... Uhh – Carlos projetou um grito de esforço. – Minha mão... Ahh... Está quase... alcançando a lateral do túnel...

— Isso... Esforce-se, mas mantenha a calma.

— Ahh. Consegui alcançar... – mais um som oco, desta vez seguido de uma voz mais aliviada. – Acho que estou... conseguindo sair...

Apaguei minha lanterna por alguns segundos e percebi que conseguia ver a iluminação de Carlos mais à frente.

— Já estou vendo sua iluminação. Você vai conseguir.

— Pronto – disse ele. – Só falta um pequeno esforço.

Mais um som oco e consegui ver nitidamente a luz de Carlos iluminando o túnel mais à frente. Ele era incrivelmente mais estreito nos próximos metros.

— Consegui – gritou Carlos. – Consegui, estou saindo.

À medida que ele se aproximava, eu percebia a complexidade da locomoção naquele túnel.

— Você deveria ter voltado quando percebeu que o túnel se estreitava tanto.

— Já vi muitos salões maravilhosos se ocultarem atrás de túneis estreitos como esse – ele disse, já bem próximo de mim.

A luz da sua lanterna em minha direção ofuscava minhas vistas, de forma que eu não podia vê-lo, mas ouvindo sua voz eu intuitivamente percebia suas expressões faciais de dor e esforço para passar por um espaço tão pequeno.

— Tudo bem. Mas não se explora espaços como esse sem ninguém à sua volta.

Ele silenciou. Sabia que eu estava certo. Com sua aproximação, comecei a voltar me arrastando para trás. Essa era a única forma de sair agora.

Era ainda mais difícil se locomover naquela direção e logo o rosto de Carlos estava bem próximo ao meu.

— Obrigado, meu amigo. Embora você não tenha me tirado de lá, sua presença aqui me tranquilizou. Obrigado por ter vindo.

Senti-me feliz por ter ajudado de alguma forma. Eu apenas havia falado aquilo que Carlos já sabia. Em uma situação como aquela, ficar tenso e desesperado só mantém você refém da situação. Quando ele relaxou, teve mais recursos para se movimentar da maneira correta e sair daquele cubículo.

Saímos do túnel vagarosamente. Enquanto me arrastava para trás, comecei a refletir em algumas lições que eu havia aprendido com aquela situação.

Mas o que aconteceria ao sair daquele túnel me ensinaria muito, muito mais...

"Lembre-se que insistência não é persistência."

Nas situações mais difíceis que nos encontramos na vida, devemos nos dar o tempo suficiente para pensar e agir com cautela. O desespero, o nervosismo e a tensão acumulada em nada nos ajudam a resolver problemas, mas ao contrário disso, nos tornam cegos para soluções que estão à nossa vista.

Ali dentro do "cubículo do desespero", como apelidamos o local, Carlos precisou de apenas um segundo para perder o controle, e com ele, toda a racionalidade que o pudesse tirar de lá. A tensão virou mais um problema para sair do lugar. Quando relaxou, conseguiu observar melhor o local, descobrir onde poderia apoiar seus pés e mãos, e que ao relaxar o corpo teria mais flexibilidade para realizar os movimentos que o tirariam de lá.

Todos nós já entramos em um "cubículo do desespero" em algum momento de nossas vidas. Uma situação que contraria nossas expectativas, algo que saiu errado ou acabou ficando fora de nosso controle. Ali, frente ao inesperado, nos sentimos presos, impotentes, sem movimento...

Dentro de tais "cubículos", precisamos ter o equilíbrio necessário para relaxar, ver novas oportunidades de ação e estudar a situação. São essas ações que nos indicarão o caminho da saída, e não o desespero desenfreado e irracional que insiste em nos dominar.

É bem verdade que muitas vezes chegamos a esses cubículos por não perceber o momento certo de parar quando ainda estamos no túnel que vai se estreitando a cada passo. E mesmo percebendo que está apertado demais, insistimos em ir em frente, ainda sabendo que está no momento de voltar.

Mas e a persistência? Ela não é importante? Sem dúvida, ela uma das principais características das pessoas de sucesso. Porém em alguns momentos precisamos saber o momento certo de parar, ou de dar um passo para trás antes de continuar. Quando as situações nos colocam em risco, seja dentro de uma caverna, em um relacionamento amoroso, em um empreendimento profissional ou em grandes projetos, encontrar esse ponto é bastante difícil.

Em 1986, o ônibus espacial Challenger explodiu levando consigo as vidas de seis pessoas. O projeto de lançamento do ônibus espacial naquela data era um compromisso assumido pela NASA, mas a empresa responsável pelos anéis de vedação dos tanques de combustível havia advertido que não havia testes suficientes em temperaturas tão baixas como aquelas que os termômetros registravam naquele dia na estação de lançamento.

Porém, mesmo ciente das advertências do fabricante, o programa espacial americano não queria atrasos e decidiu lançar o foguete que levaria o ônibus espacial para fora da órbita terrestre.

O resultado todos nós sabemos: os anéis de vedação não aguentaram e o vazamento do combustível gerou uma reação que culminou em uma grande explosão que, além de tirar as vidas de todos os tripulantes, atrasou em vários anos o programa espacial americano.

O que seria o correto? Como adiar o lançamento de um ônibus espacial de um projeto tão grande, envolvendo tantos objetivos, dinheiro, reputação e compromissos? Talvez não seja fácil, mas muito mais difícil é entender como naquele caso a segurança não foi colocada em primeiro lugar.

Então, conseguimos ver claramente a diferença existente entre persistência e insistência.

A persistência é aquele sentimento de continuidade e superação que podemos desenvolver depois de um empreendimento malsucedido ou depois de alcançarmos um objetivo e percebermos que ainda não chegamos exatamente aonde queríamos.

A insistência está relacionada com a irracionalidade que se apodera de nossas ações quando não queremos parecer fracos ou derrotados, ou quando, mesmo sabendo os riscos sérios aos quais estamos expostos, decidimos continuar agindo da mesma maneira, e na maioria das vezes, repetindo os mesmos erros.

Participei de uma sociedade em uma empresa há alguns anos. Meu sócio na época era um grande amigo, com quem tenho até hoje um excelente relacionamento. Nossa sociedade definitivamente não deu certo porque a forma como cada um de nós encarava o trabalho era totalmente diferente.

Um certo dia, após uma discussão por telefone, percebi que estava infeliz e que eu não estava colaborando com a empresa da forma como eu poderia. Ela não me realizava profissionalmente, embora os resultados financeiros começassem a aparecer. Eu havia investido dois anos de trabalho e algum dinheiro naquela empreitada, e somente agora os resultados estavam aparecendo. Sair de uma sociedade nesta situação não é fácil para ninguém. Mas eu precisava decidir o que era mais importante para mim: ou olhar para trás, vendo tudo o que eu havia construído e acreditado, mesmo sendo infeliz, ou descobrir dentro de mim a força realizadora para recomeçar tendo mais qualidade de vida e felicidade.

Marquei uma reunião naquela tarde com meu sócio e, em poucas palavras, comuniquei minha saída da empresa. Acho que nem ele esperava minha atitude, mas muitas vezes precisamos surpreender as pessoas.

Hoje, meu amigo mora em outra cidade e ainda tem a empresa, que vai muito bem. Como decidi sair antes que o trabalho acabasse definitivamente com nossa amizade, ainda nos encontramos em suas vindas a São Paulo ou em minhas visitas ao interior de Minas Gerais.

Graças àquela decisão, eu também tenho minha empresa e estou extremamente feliz com ela e com minha vida.

Decisões corretas tomadas nos momentos oportunos trazem felicidade para todos. Se tivéssemos insistido em continuar a sociedade, talvez hoje seríamos sócios de papel, a amizade teria se extinguido e todos os dias tanto eu quanto ele iríamos para uma empresa que não nos realizaria.

Quantos relacionamentos são mantidos em nome de afirmações como "veja quanto tempo estamos juntos" ou "quantas coisas construímos!".

Precisamos perceber quando as situações estão nos levando ao "cubículo do desespero" e agir antes que a falta de controle ou a conformidade no condene à prisão eterna em um espaço confinado, que erroneamente algumas pessoas chamam de vida.

CAPÍTULO 16

Domingo, 16h55 (6 horas e 10 minutos na caverna).

Sair daquela área confinada do túnel era quase como se libertar de uma roupa muito quente em um dia de verão. Assim que me levantei, tive por alguns segundos a sensação de estar ao ar livre.

"É como uma caverna dentro de outra", pensei.

Depois de tomar em longos goles toda a água contida em seu cantil, Carlos contou a experiência para o grupo, e pela primeira vez todos tínhamos o mesmo sentimento: já passara da hora de voltar.

Lembrei que era o dia das mães e que jantar com minha família não seria mais possível devido ao horário, mas poderia fazer uma ligação de um telefone na estrada ou no vilarejo.

— Tomou toda sua água, Carlos? – perguntou Júnior, já sabendo da resposta.

— O nervosismo me deu muita sede. Mas como já estamos de saída, não sentirei falta. Mas se a sede aparecer, vocês compartilham os cantis comigo, né?

— Claro – respondeu Ricardo. – Estamos juntos para isso.

Meu alívio se tornou maior ainda quando nos levantamos e pegamos o caminho de retorno. Desta vez, Ricardo tomou a frente com o objetivo de localizar e remover as setas da "marcação de retorno", eu era o segundo da fila, seguido por Adriana, Júnior e Carlos.

A cada vez que Ricardo apontava sua lanterna para frente, eu percebia que ele procurava a seta reflexiva que indicava o caminho de retorno.

A cada vez que chegávamos a um novo corredor, Ricardo removia a seta de marcação e tomávamos aquele corredor até encontrar outra seta.

As dificuldades enfrentadas por Carlos fizeram o grupo ficar em silêncio. Vez ou outra alguém comentava alguma coisa, só para que aquele silêncio aterrorizador não se instalasse por muito tempo no ambiente. Eram assuntos desconexos e comentários sobre a saída da caverna, da churrascaria na qual poderíamos parar no caminho ou da preferência de fazer a viagem sem paradas para aproveitarmos o jantar com a família.

Minha iluminação de carbureto, que já estava fraca, apagou. Acendi mais uma vez utilizando o isqueiro que estava na mochila, mas o fogo durou apenas um minuto a mais. O carbureto havia acabado. Nenhum problema para quem tinha lanternas e outros reatores de carbureto funcionando bem.

A iluminação da lanterna, embora mais fraca, tinha um foco mais direcionado e, a cada túnel, eu percebia as marcações de retorno em seu final.

Essa percepção se repetiu por algumas vezes, mas de repente percebi que eu não observava nenhum reflexo no final de um túnel.

"Deve ser uma curva, e depois encontraremos a marcação", pensei.

Andamos mais alguns metros e saímos em uma pequena câmara que dava acesso a cinco túneis diferentes. Quatro deles na direção do retorno e um que teoricamente nos levaria para uma parte mais profunda da caverna.

Ricardo examinou o acesso aos quatro túneis, mas não encontrou a marcação de retorno.

— Como é possível? – perguntou Júnior. – Você marcou todas as bifurcações?

— Sim. Marquei todas. Vamos olhar no chão, ela pode ter se descolado e caído.

Olhamos no chão de todos os túneis, mas não havia nada.

— Eu tenho a impressão de que não passamos por aqui – disse Carlos.

Essa era uma informação difícil de ser confirmada. O ambiente cavernícola tem trechos muito semelhantes na área do "Queijo Suíço", e o fato de você ver uma câmara por um ângulo diferente pode dar a sensação de você estar passando por um lugar novo.

— Podemos ter tomado o caminho errado – falou Carlos. – Vamos voltar pelo túnel do qual viemos e procurar a marcação na bifurcação anterior.

— Não terá marcação – eu disse. – Ricardo recolheu a marcação quando entramos no túnel.

— Existe possibilidade de você ter marcado o túnel errado, Ricardo?

— Não. Nenhuma.

Adriana começou a mostrar impaciência no olhar e na postura, andando de um lado para o outro.

— Só faltava essa! – disse ela. – Depois de tudo que passamos, vocês se perderem...

— Ninguém está perdido – disse Ricardo, tentando manter a tranquilidade. – Vamos encontrar a marcação.

— Vamos raciocinar – disse Carlos. – A chance de marcar um túnel errado é praticamente inexistente. Como Ricardo marcaria um túnel do qual não veio? Então a solução é simples. Vamos pegar todos os túneis, um a um, e no final de um deles encontraremos a próxima marcação.

— É isso aí – eu disse, ressaltando a clareza de seu raciocínio.

Assim tomamos o primeiro túnel da direita, caminhamos por algumas dezenas de metros e chegamos a uma nova bifurcação com três túneis. Em nenhum deles estava a marcação de retorno.

Voltamos deste túnel até chegar novamente à pequena câmara e retomamos o caminho, agora pelo segundo túnel. Este era um pouco mais complexo, pois na sua metade um túnel perpendicular se revelava. Não era uma bifurcação, mas um túnel que se ligava àquele, e não havia nenhuma marcação. Continuamos seguindo em linha reta no túnel e chegamos a outra câmara que dava acesso a outros quatro túneis. Nenhum deles tinha marcação. Retornamos e repetimos os procedimentos em todos os túneis possíveis, inclusive naquele que dava a sensação de ir para uma área mais profunda da caverna. Este era um túnel sem saída.

Depois de andar por mais de uma hora e testar todos os túneis, estávamos de volta à pequena câmara com uma certeza: nenhum dos túneis levava a uma bifurcação que contivesse marcação de retorno.

— Temos que voltar para a área mais profunda da caverna pelo túnel que nos trouxe aqui – disse Carlos. – Lá procuraremos outra marcação. Provavelmente, Ricardo marcou o túnel errado.

— Não há possibilidade de eu ter feito isso. Vamos procurar mais nas bifurcações.

Cada um dos quatro túneis nos conduzia para outras três, quatro ou cinco bifurcações. Era um total de dezesseis túneis possíveis e cada um deles provavelmente teria no mínimo três opções de continuidade. Seriam mais de quarenta e cinco túneis e um complexo sistema de marcação para não nos perdermos ainda mais. Não parecia ser uma ideia viável.

— Ricardo, sei que você confia na sua marcação, e eu também confio – disse Carlos. – Mas precisamos voltar e verificar se um erro não aconteceu.

— Gente, eu quero ir embora, me tirem daqui – falou Adriana choramingando.

"Eu também quero sair daqui", pensei. "Mas não vai ser tão fácil assim".

— Não adianta desesperar. Não foi isso que aprendemos no "Cubículo do Desespero"? Então vamos manter a calma e tomar o caminho de onde viemos. Lá, provavelmente, encontraremos outra marcação.

Essas foram as últimas palavras de Carlos antes que sua iluminação de carbureto também se apagasse. Nos próximos minutos, já retornando pelo túnel que havia nos levado à câmara, os reatores de Júnior e Ricardo também se apagariam.

Agora, todos nós estávamos na mesma situação: procurando a marcação de retorno e utilizando lanternas a pilha. Tentei me lembrar da quantidade de pilhas que tínhamos na mochila.

Havia um conjunto reserva. Daria tempo de sobra para sair da caverna, se achássemos a marcação de retorno no final daquele túnel. Mas não era isso que o destino havia reservado para nós.

"Defina e siga uma estratégia."

Tentativas e erros. Muitos problemas em nossas vidas têm essa receita como melhor caminho para a solução. Vou por aqui, e se não der certo vou por lá, ou por ali, ou ainda por aquele outro caminho...

Dessa maneira, sem foco, planejamento e uma estratégia que contemple suas melhores competências e habilidades, resolver problemas ou empreender novos projetos será uma aventura arriscada.

Algumas pessoas, em momentos de desespero, procuram atirar para todos os lados, sem um objetivo claro definido, e acabam gastando tempo e energia em atitudes que não trarão resultados.

É por isso que vemos muitos advogados trabalhando em áreas administrativas, profissionais da área de Marketing atuando em recepções de consultórios odontológicos e jornalistas dedicados ao crescimento do restaurante que abriram.

Nada contra as áreas onde essas pessoas atuam. Questiono apenas se realmente estão realizadas com a tarefa que exercem, em detrimento dos sonhos que um dia almejaram. Como já relatei, atuei numa época em minha vida como radialista. Na ocasião, também tive a experiência de trabalhar na formação de novos locutores, ministrando aulas em cursos de formação profissional para a área.

Não é necessário dizer que aquela é uma área disputadíssima e com poucas oportunidades reais para quem a escolhe. Milhares de profissionais se formam todos os anos e o mercado absorve uma pequena parte deles.

Mas o que faz um profissional ser escolhido para fazer parte dos poucos selecionados para atuarem como locutores de rádio? Talvez a resposta mais óbvia esteja no talento e habilidade dos candidatos, com uma voz bonita, ou até mesmo no relacionamento que o profissional tem com pessoas que já atuam na área.

Mas eu posso, seguramente, afirmar que essas não são as características mais importantes das pessoas que conseguiram se inserir na área, apesar da altíssima concorrência.

Posso afirmar que o foco direcionado, a persistência e a vontade de chegar lá são os mais importantes e, talvez, os fatores determinantes que separam as pessoas que "tentam" daquelas que efetivamente conseguem.

Muitos de meus ex-alunos, com talento e diferenciais claros, trocaram o sonho de trabalhar no rádio por outras profissões que não os realizam. Em outros casos, pessoas com menos talento conseguiram atingir o objetivo, mesmo que para isso tenham lutado e persistido por muitos meses e, em alguns casos, por muitos anos. É claro que ninguém pode ficar parado esperando uma oportunidade surgir, mas o fato de atuar em outras áreas não tirou daquelas pessoas de sucesso a vontade e determinação para chegar aonde realmente queriam.

Um ex-aluno, em especial, que se tornou um grande amigo com o passar do tempo, pode ilustrar claramente a importância de mantermos os sonhos vivos dentro de nós, mesmo que a vida nos exija trabalho redobrado. O nome dele é Leonardo, carinhosamente chamado de Léo.

Em sua turma, Léo não era destaque. Trabalhava na área de qualidade de uma indústria durante toda a noite e pela manhã encarava quatro horas de curso de "locução de rádio", um aprendizado que exige dedicação, empenho e principalmente um bom descanso mental, por se tratar de uma atividade de comunicação. Trabalhando a noite inteira e dormindo pouco, era esperado um desempenho abaixo da média para aquele jovem de 20 anos. E foi o que aconteceu. Ao término do curso, Leonardo apresentou o conceito mínimo exigido para a aprovação. Ao contrário dele, alguns alunos tinham excelente resultado, com conceitos próximos à nota máxima permitida pela escola.

Quando recebeu seu certificado e fez o registro desse certificado na Delegacia Regional de Trabalho, Léo tinha tudo para ser mais um dentre as centenas de profissionais que iria desistir de seu sonho.

Ainda mais com um emprego estável e um bom salário, não seria difícil para ele desistir.

Nos dois anos que se seguiram, ele tentou enviar um piloto (uma gravação de demonstração) para algumas rádios, mas como se sabia, o resultado não apareceu.

Léo continuou trabalhando como supervisor de qualidade, mas seu sonho continuou vivo em sua mente e seu coração. Ele continuava ouvindo rádio e sonhando com o momento de estrear frente a um microfone, mas o tempo não lhe permitia buscar o seu sonho. Nesse período, mandou seu piloto para diversas emissoras, sem se preocupar com o estilo da rádio, com seu aperfeiçoamento técnico ou a criação de estratégias que pudessem tornar seu sonho realidade. Ele estava no processo de tentativa e erro. Por mais que quisesse atingir aquele objetivo, suas energias não estavam totalmente concentradas em ações que trouxessem resultados.

Em um dado momento da sua vida, depois de uma briga com o antigo chefe, Léo percebeu a chave que poderia mudar a sua história. Ele não podia mais simplesmente deixar que a sorte conduzisse seus caminhos, mas precisava fazer algo. Decidiu então que iria aperfeiçoar-se, reativar seus contatos com pessoas do rádio, e que iria encarar um caminho difícil: buscar oportunidades no interior do Estado. Refez seu piloto com ajuda profissional e o distribuiu para rádios usando estratégias específicas, considerando seu estilo, suas habilidades e até sua disponibilidade para mudar de cidade.

Foi chamado por uma rádio do litoral. O proprietário ofereceu um salário pequeno, mas concedeu benefícios como moradia e alimentação. Qual não foi sua surpresa, quando no primeiro dia de trabalho o dono da emissora desfez o acordo e disse que ele não iria estrear?

A decepção misturada ao sentimento de frustração poderia ter feito com que ele desistisse. Não foi o que aconteceu. Saberemos mais sobre o que aconteceu com Léo um pouco mais para frente.

Por hora vale dizer que, assim como nós dentro daquela caverna, Léo teria que decidir viver uma situação "pra valer" em sua vida.

CAPÍTULO 17

Domingo, 18h25 (7 horas e 40 minutos na caverna).

Nada poderia parecer pior do que não encontrar nenhuma marcação de retorno depois de voltarmos por aquele túnel. Isso nos colocava em uma situação cujo nome não ousávamos sequer falar: perdidos.

O que fazer em uma situação como aquela? Como agir? Quais os sentimentos que estávamos experimentando? Eu não sabia responder nada daquilo.

Repetimos o procedimento feito na câmara, andando por diversos túneis sem nenhum resultado. E depois de mais uma hora estávamos novamente sentados naquele mesmo local, mas com a certeza de que algo precisava ser feito.

Todos olhavam para Ricardo com um ar de reprovação, e não tardou para que ele percebesse o que acontecia.

— Vocês estão me culpando por não encontrarmos o caminho de volta.

— E precisa? – perguntou Adriana. – Está claro que você errou em algum momento. Seu erro nos colocou nesta situação terrível.

— Sabe, Ricardo? – continuou Júnior. – A Adriana está coberta de razão. Se não encontramos a marcação é porque você falhou.

— Gente, eu tenho certeza de que coloquei todas as marcações necessárias.

— Como elas sumiram de lá? – agora era a minha vez de desabafar. – Será que seres "intraterrenos" resolveram fazer uma piadinha com a gente?

— Posso até ter minha parcela de culpa nesta história. Mas não estou sozinho. Vocês assumiram o risco de explorar esta área desconhecida.

— Esperem aí! – gritou Adriana. – Eu não assumi risco nenhum, mesmo porque eu não sabia que poderíamos ficar perdidos.

— Ricardo, foi você quem achou o acesso para esta área – disse Carlos. – Não podemos negar sua culpa.

— Sim, senhor Carlos – retrucou ele ironicamente. – Mas quem foi o responsável por tomarmos caminhos desconhecidos depois do platô? O senhor... Além disso, não se esqueça de que a cópia da chave e o fato de estarmos aqui sem que ninguém lá fora saiba é sua responsabilidade. Você nos influenciou a entrar nesta caverna.

Por um instante eu havia me esquecido daquele fato: ninguém sabia que estávamos ali. Não haveria equipe de resgate, nem estratégias de busca porque, teoricamente, não estávamos lá dentro. Pensar nisso me deu um arrepio e uma sensação de medo que eu jamais havia sentido antes.

— Calma, pessoal – interveio Júnior. – Podemos discutir isso mais tarde. Agora precisamos arrumar um jeito de sair daqui. Alguém tem alguma ideia?

— Não sei o que fazer, mesmo... – disse Carlos. – Só sei que ficarmos aqui parados não irá nos tirar da caverna. Vamos andar pelos túneis, sempre buscando o caminho intuitivamente e dando preferência para túneis com declive. Uma hora encontraremos a marcação de retorno.

Ainda que fosse uma estratégia baseada em "tentativa e erro", pelo menos já havia alguma linha de pensamento associada a ela. Buscar caminhos com declive era um bom começo, mas não garantia de que encontraríamos a saída.

Como não tínhamos outra ideia melhor, resolvemos agir assim.

Em diversos túneis, tivemos que retornar, pois esses túneis acabavam em grandes abismos e paredes íngremes, os quais eram impossíveis de descer sem corda.

A discussão sobre quem era o culpado voltou e se acalorou ainda mais. Tal situação gerou um desgaste tão grande de energia que todos estavam se sentindo exaustos, até que Ricardo assumiu sua culpa.

Mas isso não aliviou em nada, pois continuávamos perdidos. A discussão havia tirado a energia do grupo, estávamos desunidos e sentindo o cansaço do convívio forçado.

De repente, uma ponta de esperança se revelou: olhei para cima em um dos túneis e vi uma linda flor de aragonita. Aquilo poderia ser um sinal de que estávamos chegando à região do "Salão dos Cristais". Se chegássemos até ele, encontraríamos a marcação de retorno, caso Ricardo não tivesse cometido outros erros, o que era bastante improvável.

Comentei com Júnior:

— Veja. Uma flor de aragonita. Ela é diferente. Tem um aspecto azulado.

A observação trouxe novo ânimo ao grupo, mas logo à frente nos deparamos com outro abismo e tivemos que voltar.

Olhei para o meu relógio. Eram mais de oito horas da noite. Voltar para casa e jantar com a família já não seria mais possível. Mas se eu chegasse até minha casa, mesmo que na madrugada, já seria uma grande vitória.

Continuamos andando por diversos túneis, e encontrei outra flor de aragonita, igualmente azulada, e após ela, mais um precipício.

Voltamos e andamos mais longos e cansativos minutos por outros túneis, e então, Júnior disse algo que me colocaria ainda mais em pânico, fazendo-me repensar se valeria a pena ou não dar o próximo passo:

— Olhe para cima. Outra flor de aragonita com tom azulado.

Em um instante, compreendi que aquela não era outra flor, mas sim a mesma... Estávamos andando em círculos.

"Concentre suas energias no lugar certo."

Onde concentramos nossas energias? Responder a essa pergunta pode ser uma grande chave para aproveitarmos melhor o nosso tempo e a nossa disposição.

Ao observar profissionais de diversas áreas, tenho percebido que grande parte das pessoas tem concentrado a energia no lugar errado. Sem concentração e foco, nossas energias são desperdiçadas e mal aproveitadas.

Ali, naquela caverna, cada um gastou quase todas as energias tentando provar quem era o culpado, sem se preocupar em perguntar algo óbvio: para que estávamos fazendo aquilo? Onde é que tais discussões nos levariam, e como achar o culpado poderia nos tirar daquela situação?

Se tivéssemos nos questionado sobre isso, concluiríamos que, naquele momento, descobrir o culpado não nos levaria a lugar algum.

Igualmente sem perceber, gastamos nossas energias e tempo em atividades que pouco têm a ver com o nosso sucesso pessoal ou profissional. Hoje, com a presença da internet em praticamente todos os computadores, muitos profissionais passam grande parte do tempo navegando em sites de pouco interesse para o seu crescimento, desperdiçando um tempo precioso que poderia ser usado em prol de seus projetos, de sua vida e de seu crescimento.

Não é incomum vermos agendas abarrotadas de compromissos que nada têm a ver com os objetivos de seus proprietários. Assumir tantos compromissos e responsabilidades está fazendo as pessoas mudarem radicalmente a resposta a uma pergunta comum: "Como vai você?". Nossos pais e avós, provavelmente, responderam: "Bem, e você?" para a maioria das vezes em que ouviram tal pergunta. Atualmente, está muito mais fácil responder a essa pergunta com outra frase:

"Está uma correria, não tenho tempo pra nada", ou algo similar. Em outras palavras, já deixamos subentendido ao nosso interlocutor: "Terei pouco tempo para você, porque estou correndo para fazer alguma coisa importante em minha vida".

Minha profissão exige que eu fique muito tempo em aeroportos e, recentemente, estive observando quantos executivos engravatados correm de um lado para outro das salas de embarque, abrem seus notebooks e trabalham concentrados, olhando hora ou outra para um relógio que indica a aproximação do momento em que interromperão seus trabalhos para entrar em uma aeronave. Outro dia, dois desses homens de "sucesso" conversavam ao meu lado e lamentavam o tempo que perderiam dentro do avião em um trecho de São Paulo a Recife. Seria um voo de aproximadamente três horas.

— Muito tempo gasto em uma viagem, quando se tem tanto para fazer! – comentou um deles totalmente irritado.

Consultei o Google Maps, e vi que a distância era superior a 2.500 quilômetros! Um ganho de tempo incrível, quando pensamos que antigamente as pessoas levavam dias para chegar à mesma localidade.

Não temos limite para nossa pressa. Veja o caso dos computadores. Antigamente, para carregar um programa em uma máquina de ponta, o usuário deveria esperar vários minutos. Eu mesmo cheguei a operar computadores em que os programas eram gravados em fitas cassete. Hoje, porque o editor de textos leva mais do que dez segundos para ser carregado, as pessoas pensam que está na hora de trocar o computador por um mais ágil, mais veloz e moderno.

Sim, nós temos pressa. Pressa para carregar o editor de textos, pressa para almoçar, jantar, sair do trabalho, chegar em casa, dormir, voltar ao trabalho, para chegar ao parque no final de semana, e depois para sair dele...

Mas tanta pressa nos levará para onde?

É espantoso saber que a maioria das pessoas não sabe responder a essa pergunta. Correm para um lado e para outro, mas não sabem aonde querem chegar. Em resumo, estão gastando suas energias nos lugares errados.

Constantemente, sou contratado para ministrar palestras em eventos nos quais, em algum momento, a empresa compartilha com os participantes sua missão e sua visão. Sempre que isso acontece antes da minha apresentação, faço questão de perguntar no meio da palestra:

— Quem aqui sabe dizer a missão da empresa?

A grande maioria dos participantes levanta a mão e, com certeza, pode dizer em alto e bom tom a missão da empresa em que atuam.

Faça você o teste e me responda: qual a missão da sua empresa?

Bem, ainda que você não saiba todas as palavras, com certeza você deve se lembrar da essência e dos pontos centrais da declaração de missão da empresa em que atua, certo?

Mas e se eu lhe perguntar: "Qual a sua missão pessoal?"

Quando questiono o público sobre isso (sempre coletivamente e sem esperar uma resposta, porque sei que poucos já traçaram sua missão e os que fizeram, muitas vezes, não querem compartilhá-la), sempre vejo caras de espanto na plateia. É como se as pessoas dissessem:

"Nunca ninguém me pediu que eu traçasse a minha missão pessoal".

É verdade! Nunca ninguém pediu, mas como podemos viver e alinhar nossas ações aos nossos objetivos de vida se não soubermos exatamente aonde queremos chegar e o que queremos deixar para o mundo?

Sem uma missão clara, todas as nossas ações podem estar desalinhadas com o nosso real propósito, e assim se tornarão ações que promovem gastos desnecessários de energia.

Muitos trabalham com o objetivo de receber seus salários, pagar as contas no final do mês, manter um estilo de vida confortável e honesto. Se já ganharam essa consciência e já assumiram isso como missão, ótimo. Mas precisam perguntar para si mesmos: "É realmente isso o que eu quero?". Se a resposta for sim, está excelente... Ninguém aqui está dizendo que nossos objetivos na vida precisam ser mais ousados do que esses, porém eles precisam ser reais e vir de dentro dos nossos corações.

Algumas pessoas têm objetivos ousados na vida. Lá no fundo sabem o que realmente querem, mas, frente às dificuldades que sabem que enfrentarão, preferem missões mais simples e fingem que estão satisfeitas com elas. Porém em algum momento da vida, ainda que seja no último segundo, na última respiração, aquele objetivo maior será cobrado por si mesmo, e aí a sensação de decepção pode ser maior do que os riscos que corremos quando decidimos ir atrás daquilo que realmente faz com que gastemos a energia nas coisas certas da vida: os nossos sonhos.

Lembram-se do Léo? Aquele locutor que quase desistiu de seus sonhos? Hoje, ele coordena uma das maiores rádios do Triângulo Mineiro, apresenta dois programas de TV na emissora filiada à Rede Record na localidade, é reconhecido em todos os locais por onde passa, dá autógrafos e está sempre radiante e feliz. Léo colocou seu sonho no centro das suas ações e deixou de gastar energia nos lugares errados. Com certeza, ele tem objetivos ainda maiores que serão alcançados em breve, porque depois de cumprir uma missão, devemos descobrir uma maior ainda.

Enquanto seu sonho não esteve no centro de suas ações, ele fazia exatamente aquilo que nossa equipe estava fazendo dentro da caverna: andando em círculos, sem perceber.

CAPÍTULO 18

Domingo, 20h20 (9 horas e 35 minutos na caverna).

Meus pés e mente estavam cansados. Pisar em TERRENOS IRREGULARES exige um esforço demasiado das articulações e ao mesmo tempo atenção redobrada. Quando olhei para aquela flor de aragonita e me dei conta do que estava acontecendo, meus pés se recusaram a dar o próximo passo. Sem falar nada, parei...
– Vamos em frente – era Ricardo me empurrando.

— Não, Ricardo – eu disse. – Eu já sei o que tem depois deste corredor: um precipício. Essa flor de aragonita está me mostrando que é a terceira vez que passamos por aqui.

Imediatamente, todos perceberam o que estava acontecendo, e a sensação de paralisia parecia ser sentida igualmente por todo o grupo. Um silêncio seco tomou conta do espaço. Somente Carlos continuou andando. Nós nos sentamos no túnel, logo abaixo da flor de aragonita, esperamos o retorno de Carlos. Ele não precisou dizer nada. Em seu rosto, conseguíamos ver o precipício que ele havia encontrado.

— Vamos voltar alguns metros – sugeri. – Tem uma câmara um pouco maior onde poderemos conversar e tomar alguma decisão.

Voltamos e nos sentamos em um espaço de aproximadamente vinte metros quadrados. Era enorme para aquela região da caverna.

Meu estômago roncou e perguntei:

— Temos algum tipo de comida na mochila de ataque?

Carlos entregou a mochila para Adriana, que tirou todas as nossas provisões de alimento: um queijo branco de um pouco mais de meio quilo, uma lata de goiabada, um pacote de biscoito doce e... mais nada...

— Era para ser uma visita rápida – justificou Carlos. – Talvez nem comêssemos nada aqui dentro.

Ele estava certo. Não havia motivo para levar nada além daquilo.

Usando sua faca de exploração, totalmente desgastada pelo tempo, Júnior cortou um pedaço de queijo para cada um e, ao cortar a primeira fatia de goiabada, foi interrompido por Adriana:

— A goiabada tem que ser cortada bem fininha. É a nossa maior reserva de energia e não podemos consumi-la de maneira irracional.

"Realmente as mulheres têm habilidade de raciocínio até nestes momentos!", pensei. Sem dúvida, o bem mais precioso que tínhamos estava naquela mistura de goiaba processada, com açúcar, conservantes, estabilizantes e aromatizantes... Isso valia mais do que qualquer dinheiro naquele momento.

"Como os valores são relativos", pensei, lembrando-me dos trezentos reais que eu carregava no bolso por não querer deixar no carro. "Hoje em dia, eles quebram vidros de automóveis por qualquer coisa".

Com trezentos reais, eu poderia comprar muitas latas de goiabada, queijos e até pagar um belo rodízio de churrasco para todo mundo, mas ali dentro aquele dinheiro não valia para nada.

— Aqui está o seu pedaço – disse Adriana, me entregando uma fatia de goiabada.

A fatia era tão fina que mesmo naquela escuridão eu conseguia ver Adriana através daquela fatia. Peguei aquela preciosidade e gentilmente a coloquei sobre minha fatia de queijo.

Minha fome era enorme, e a situação me fez comer aquela combinação "Romeu e Julieta" de uma forma inusitada: minha primeira mordida foi grande, mas quando percebi que em mais uma ou duas dentadas aquela "preciosidade" acabaria, comecei a comer em pedaços menores e saborear detalhadamente cada centímetro de queijo e goiabada que se misturavam em meu paladar.

Assim é a vida. Na adolescência, queremos comer tudo a largas dentadas, mas na medida em que o tempo passa, percebemos que temos menos tempo para frente do que aquele que já vivemos, e assim, devemos aproveitar intensamente cada minuto e segundo, saboreando os bons momentos e nos importando menos com os maus.

A refeição durou menos tempo do que eu gostaria. Pedir outro pedaço seria uma atitude ingênua, e não me restou outra alternativa senão preencher parte do meu estômago com a água do cantil.

"Carlos não tem mais água" – pensei e estendi meu cantil para ele. Sem sequer imaginar recusar, ele pegou o cantil e deu um único gole e então começou a discussão que iria desunir ainda mais o grupo:

— Temos que ficar aqui, esperando... Todos os manuais de procedimento em cavernas dizem que uma equipe perdida deve ficar parada, esperando resgate.

Era a primeira vez que alguém assumia estarmos verdadeiramente perdidos.

— Discordo – disse Júnior. – Ninguém sabe que estamos aqui. Os manuais indicam esse procedimento para quem cumpriu as normas anteriores: jamais entrar em uma caverna sem avisar o posto de controle. Erramos bem antes disso.

— Sei disso, Júnior – defendeu-se Carlos. – Mas se continuarmos andando, corremos o risco de ir a áreas mais profundas da caverna e sair de qualquer área de alcance das equipes de resgate. Não chegaremos em casa, os seus pais mesmo irão ligar para a pousada depois de procurarem em todos os hospitais e registros de acidentes na estrada, a pousada vai ligar para o parque, eles vão acabar encontrando nosso carro e deduzirão que fomos irresponsáveis e viemos para o "Salão dos Cristais", encontrarão as marcações deixadas pelo Ricardo e acabarão chegando até nós.

— Isso se acharem a passagem que o Ricardo localizou.

— Temos que acreditar que irão encontrar.

— Pera lá, gente – interveio Ricardo. – Vocês estão fazendo uma tempestade em um copo d'água. Vamos levantar e continuar procurando as marcações que eu mesmo coloquei. Encontrá-las é uma questão de tempo.

— Não – disse Júnior. – Não podemos mais ficar andando em círculos e descobrindo a cada meia hora que estamos embaixo da mesma flor de aragonita. Vamos tentar descer os precipícios com a força de nossos braços.

— Nesse caso, eu fico aqui – disse Adriana. – Não conheço técnicas de escalada, e vocês sabem o que vai acontecer se eu me arriscar a fazer isso. Alguém fica aqui comigo, e assim que vocês acharem a saída, voltam com apoio para nos retirar.

Agora era minha vez de opinar:

— Isso é loucura, Júnior. Ninguém tem o mesmo preparo e ousadia que você. Eu jamais me colocaria em um abismo de trinta ou quarenta metros sem a devida proteção. Temos que continuar tentando os túneis que descem, mas fazer uma marcação de retorno para este ponto. Se encontrarmos um túnel sem saída, saberemos como voltar para cá e tentaremos outros caminhos. Podemos deixar as marcações nos túneis, assim saberemos por onde já andamos.

— Chega de discussão – disse Carlos. – Eu decido que vamos ficar aqui.

— Quem você pensa que é para decidir pelo grupo? – falou Ricardo de maneira agressiva. – Sua decisão não vale nada agora.

— Eu sou o mais experiente da equipe e vou decidir...

— Sua experiência nos colocou aqui – disse Júnior. – Se você realmente fosse responsável não nos deixaria entrar na caverna nestas condições.

— Façam o que vocês quiserem – disse Carlos, tirando o capacete e fazendo dele um travesseiro. – Eu vou ficar aqui.

— Muito bem – disse Júnior. – Eu vou continuar.

— Calma! – gritou Ricardo – Se nos separarmos, correremos mais riscos. Vamos dar um tempo para nós mesmos descansar um pouco e provavelmente encontraremos uma solução.

Concordei com a cabeça. Adriana também. Júnior, visivelmente contrariado, se sentou, e o mais profundo silêncio tomou conta do ambiente.

Uma a uma as lanternas foram se apagando, e lá estava eu novamente na situação de "Zero Lux". Desta vez era bem diferente... Eu ouvia meu coração, estava acelerado, sentia-o pulsar em todas as veias, em todo o meu corpo...

Meu cansaço foi um grande aliado naquele momento. Ele não me deixou perceber o chão duro no qual eu estava deitado, nem o incômodo do capacete apoiado no chão, que funcionava como um travesseiro, e nem o frio intenso que eu deveria estar sentindo.

Júnior e Adriana começaram a conversar. Eu estava cansado demais para participar daquele bate-papo.

Adormeci, vagarosamente, e minha alma migrou para o mundo dos sonhos. Era bom que eu aproveitasse bem aquelas duas horas naquele mundo mágico, porque ao acordar, a situação estaria bem pior do que eu poderia supor.

"Trabalhe em equipe, respeitando as diferenças."

As pessoas são diferentes, portanto, pensam de maneiras diferentes, agem de maneiras diferentes e têm reações diferentes frente às mais diversas situações.

Assim é o seu trabalho, a sua casa e a sua relação com os amigos. E são os diferentes pontos de vista que precisam se conectar para que soluções efetivas para nossos problemas sejam encontradas. Porém conectar diversos pontos de vista passa por uma palavra essencial ao relacionamento humano: respeito.

Normalmente, as pessoas não defendem ideias, defendem rótulos, e por isso acabam não respeitando, nem tampouco considerando a natural pluralidade de opiniões no ambiente de trabalho, na família ou nas suas relações sociais.

Trabalhar em equipe requer um desprendimento das ideias preconcebidas e a percepção de que a somatória de todas as ideias pode gerar um novo caminho, que sozinho ninguém encontraria.

Dentre as diversas demandas de clientes que me procuram, uma das mais frequentes está relacionada com a união e o trabalho em equipe. Sempre sugiro como atividade inicial uma metodologia internacionalmente reconhecida chamada World Café. Em resumo, tal dinâmica permite uma ampla conversação entre todos, de uma maneira agradável, prazerosa e lúdica.

O resultado é que, na maioria das vezes, as equipes descobrem oportunidades de ação jamais pensadas individualmente. A somatória dos diversos pontos de vista se potencializa, quando estamos dispostos a sermos ouvidos e a ouvir com igual intensidade, e assim um novo caminho de ação conjunta se revela.

Nas empresas, encontrar esse caminho é essencial para o sucesso das equipes. Também o é no ambiente familiar.

Certa vez, li uma frase em um livro que dizia: "Quanto maior o desafio, maior a necessidade do trabalho em equipe!". A mais pura verdade! Porém

---

* MAXWELL, John C. *As 17 incontestáveis leis do trabalho em equipe*. Rio de Janeiro: Thomas Nelson Brasil, 2007.

frente aos maiores desafios, também surgem as maiores desavenças e as maiores dificuldades de comunicação, falta de respeito e desequilíbrio na relação interpessoal. Nessas ocasiões, cada um parece ter a receita certa do sucesso. Certamente, tal receita está nas mãos das pessoas, mas nem sempre com uma única pessoa, mas com a somatória dos diversos pontos de vista.

E isso é só o começo, porque depois de respeitar, aceitar novas ideias, integrá-las às nossas e traçar um plano de ação, ainda devemos trabalhar em equipe com pessoas que inicialmente podem até ter contrariado nossas próprias opiniões. Algo que requer, sem dúvida, desprendimento e amadurecimento.

Para finalizar esse tema, gostaria de citar um grupo chamado Pillobollus. É um grupo de *performers* que atuam atrás de um pano, com uma luz projetada da frente para o fundo, e a sombra dos indivíduos em um pano forma as mais variadas imagens. No YouTube, você encontrará imagens desse grupo. Para o sucesso da apresentação, cada integrante deve se posicionar no lugar certo, fazendo a pose e os gestos corretos, e assim colaborar com sua parte na formação da imagem desejada na projeção. Eles formam carros, animais, pontos turísticos e outros elementos sempre em animação. Há imagens que são formadas pelas sombras de oito a dez integrantes, com total perfeição. É um trabalho incrível, que nos ensina algumas coisas importantes sobre o trabalho em equipe:

1. A equipe precisa ter uma ideia clara da imagem a ser formada (objetivo a ser alcançado) e cada integrante deve reconhecer e assumir seu papel na realização daquela meta.

2. A cada nova imagem (novo projeto), os integrantes podem assumir papéis diferentes. Algumas vezes, suas sombras são mais importantes para a formação da imagem, em outras, apenas um pequeno dedo fará um detalhe, mas sem ele a imagem ficaria incompleta. São nesses detalhes que a plateia vê perfeição e entusiasmo. Nem sempre estar à frente da equipe significa estar no papel mais importante. Não importa o que você faça, dê o seu melhor, porque é nele que está o seu diferencial.

3. Nos ensaios, os integrantes tentam aperfeiçoar cada vez mais as imagens, e isso requer mudança de atitude. Para trabalhar em equipe, devemos estar preparados para passar por mudanças que promovam melhorias,

mesmo que tais mudanças incluam mais esforço ou nos deem menos destaque. Juntos, estaremos produzindo um resultado melhor.

4. Quem vê as sombras projetadas no pano não imagina quais são as pessoas que estão por trás de tudo aquilo. Mas, ao final, quando o pano cai, todos são muito aplaudidos pela plateia (geralmente de pé). Isso nos mostra que o reconhecimento individual é resultado de um esforço coletivo. Quando a plateia aplaude o grupo, não sabe quem estava na formação do elefante ou da Estátua da Liberdade. Só o que a plateia sabe é que ali todos têm muito talento e colaboraram para o sucesso do espetáculo.

5. Igualmente, mas no caminho inverso, a falha de um prejudicaria todo o grupo. Por isso, cada um deve torcer pelo sucesso do outro, apoiar no que for necessário e ensinar aquilo que sabe.

Sei que nem todas as equipes trabalham assim. Mas, também, nem todas são aplaudidas de pé.

CAPÍTULO 19

Domingo, aproximadamente 22h20 (11 horas e 35 minutos na caverna).

A sensação de flutuar é mágica! Eu voava pelos túneis de uma caverna de calcário, límpida, branca e iluminada. Às vezes, meus movimentos eram mais rápidos, em outros, mais suaves. Ninguém à minha frente e ninguém atrás de mim. Com o pensamento eu controlava a distância do chão e do teto, e as direções que meu voo tomava dentro daquela cavidade natural.

No salão à minha direita, o sol entrava por uma claraboia. Fui até lá e admirei a vegetação que se projetava de fora para dentro da caverna. Voando, fui para outro salão onde a luz do sol iluminava um lindo lago azul. Mais alguns metros voando e a boca da caverna revelava o esplendor de uma tarde de domingo. Como era bom voar, e ter a oportunidade de ver a luz do sol e poder sair da caverna quando eu quisesse. E eu queria. Com impulso, projetei meu corpo à frente na direção da saída, mas, como em um passe de mágica, ela se fechou. Voltei para o lago banhado pelo sol, mas as trevas haviam tomado conta do local. A água límpida e azul havia sido substituída por uma grande área desmoronada.

Olhei para a claraboia do salão ao lado, e no lugar dos feixes de luz do sol, uma intensa corredeira de água impedia que eu chegasse ao topo. Desequilibrei-me e caí no chão, de costas.

Fui transportado imediatamente para um local familiar: os túneis do "Queijo Suíço". Agora, ao meu lado, estavam Ricardo, Carlos, Adriana e Júnior. Andávamos de um lado para outro e sempre encontrávamos a mesma flor de aragonita. Estávamos perdidos. Coloquei as mãos na cabeça e me dei conta imediatamente de que estava sonhando.

Tentei mexer o pé direito, e movimentei bruscamente ambos os braços na tentativa desesperada de acordar. Nada! Outra tentativa, e gritei:

— Isso é um pesadelo!

Ouvi alguém chamar o meu nome, e senti uma mão tocar de leve o meu peito, e acordei!

Eu estava de volta à realidade. Abri meus olhos e percebi o quanto meu quarto estava escuro. Deveria ser alta madrugada.

Era melhor não voltar a dormir, pois a chance de voltar ao mesmo ponto do pesadelo era enorme. Isso sempre acontece!

— Que frio – pensei. – Acho que é por isso que tive este pesadelo.

Coloquei então a mão sobre o colchão, procurando meu cobertor, e o que senti me deixou em estado de choque!

Não! Lá não estava meu colchão, mas sim uma pedra fria. Percebi imediatamente o que estava acontecendo: não era apenas um pesadelo.

Instintivamente coloquei minha mão esquerda na altura do quadril, lateralmente ao corpo, e o que encontrei ali era mais uma prova da dura realidade: meu capacete.

Sem nenhuma pressa, me sentei, ajustei o capacete sobre a cabeça e acendi a lanterna fixada nele.

O som da lanterna se acendendo parecia muito alto no silêncio da caverna: "Click!".

E então a luz iluminou o ambiente, e meus olhos fitaram uma cena que eu não poderia imaginar nem nos piores de meus pesadelos.

Bem à minha frente, a pouquíssimos centímetros dos meus olhos, o rosto apavorado de Carlos se projetava por trás de um dedo em riste, pedindo total silêncio.

Com uma voz trêmula, e sussurrando em um volume quase inaudível, ele disse:

— Não esboce nenhuma reação, e não fale nada. A galeria onde estamos pode desabar a qualquer momento, e um som, por menor que seja, poderá desencadear tal desabamento.

Fiquei completamente gelado. Minhas pernas se anestesiaram; e, se eu estivesse em pé, certamente teria caído.

Desviei meu olhar para a direita e depois para a esquerda, e percebi que os outros três integrantes do grupo estavam na mesma posição. Ajoelhados, com o tronco estendido em direção ao chão, onde se firmavam também seus cotovelos. As mãos protegiam a nuca. Era uma posição de emergência.

Então Carlos sussurrou novamente:

— Faça exatamente como eles. Não fale nada, não faça barulho e fique nessa posição.

Então Carlos também abaixou. Repeti o seu movimento.

— Vamos sair daqui bem devagar – orientou sussurrando.

Percebi o movimento dos demais. No silêncio, era fácil ouvir o som do roçar das roupas devido ao movimento.

Carlos foi adentrando em um dos túneis, e nós o seguimos, com movimentos lentos. Eu não ousava olhar para cima ou para os lados.

Somente o chão à minha frente era o que interessava.

De repente, Carlos parou.

— O que foi? – perguntou Júnior, respeitando a regra de sussurrar tão baixo que quase não era possível ouvir.

— Outro estalo – disse Carlos. – Vocês ouviram?

Eu, sinceramente, não ouvi.

— Não – disse Júnior.

— Eu ouvi – disse Adriana. – Esse foi dos fortes.

Depois de uma pequena pausa, Carlos continuou se arrastando. Joelhos e cotovelos no chão. Os próximos quinze minutos foram longos e intensos, e eu sentia um medo que nunca havia experimentado antes. Carlos ouviu mais três estalos. Eu não ouvi nenhum.

Isso me fez lembrar da conversa que Adriana estava tendo com Júnior, antes de dormirmos. Falavam algo sobre desabamento:

— Júnior, antes de entrar aqui, o meu maior medo em uma caverna não era me perder, mas, sim, a possibilidade de um desabamento.

— Besteira. Uma caverna não desaba da noite para o dia, salvo em situações específicas como terremotos ou algum grande impacto na superfície. Em geral, um desabamento natural é percebido muito antes da situação de risco, com ressecamento das formações e trincas no teto, e, em alguns casos, estalos secos...

— Estar aqui perdida me faz sentir este medo mais ainda.

— Fique tranquila. A chance de acontecer um desabamento aqui é praticamente nula.

— Mas e se acontecer?

— Provavelmente nem perceberemos, e não sobrará ninguém para contar.

— Mas e se o desabamento acontecer em uma outra região, bloqueando a saída, e ficarmos presos aqui?

— Nesse caso, morreríamos de fome e de sede. Seria terrível.

Eu não me lembrava de mais nada. Mas era muita coincidência falarem sobre o assunto e estarmos vivendo o mesmo em seguida.

— É impressão minha ou ontem vocês falavam sobre isso? – perguntei para Júnior.

— Sim. Falamos sobre isso um pouco antes de dormir.

Olhei para as estalactites acima de nós. Elas estavam molhadas, pingando, sem nenhum sinal de ressecamento. Naquela área já não havia mais risco de desabamento.

— Carlos, as estalactites e o teto não estão com sinais de ressecamento e nem com trincas.

Carlos olhou para cima, e me devolveu um olhar de espanto:

– Então, aqui já estamos seguros.

— Por favor, alguém me dá um pouco de água – pediu Adriana.

Então Ricardo disse algo que nos faria pôr em dúvida a nossa própria sanidade:

— Estamos sem água. Deixei todos os cantis sob as estalactites lá no salão que vai desabar. Estava enchendo-os com a água do gotejamento.

Gotejamento? Água? Palavras que não combinavam com uma galeria em risco de desabamento.

Algo não fazia sentido, e eu sabia o que era.

Fiquei imediatamente em pé. O risco de desabamento estava somente dentro de nós.

"Não crie suas próprias armadilhas."

Nós temos medo de coisas que têm pouca chance de acontecer, provavelmente ocorrerão somente na nossa imaginação e, mesmo assim, estamos lá, sofrendo por antecedência.

Carlos adormeceu na noite anterior ouvindo Adriana e Júnior conversarem sobre um improvável desabamento. Assim como eu, adormeceu, e acordou atônito, acreditando que a realidade era uma continuação de seu pesadelo. Mais tarde, narrou para o grupo que, ao acordar, ouviu nitidamente um estalo. Então não teve dúvidas, levantou e acordou cada um dos integrantes da equipe para que saíssemos de lá a tempo. Ao acordar, Carlos não observou se havia outros indícios de um possível desabamento, porque já tinha plena certeza do que estava acontecendo. A certeza era tanta que convenceu todos sobre aquela situação. Adriana chegou a ouvir estalos que nunca aconteceram.

Olhe para sua vida e reflita: quantas coisas você deixou de fazer por medo de algo que de fato não aconteceu? Quantos estalos que nunca existiram você já ouviu e, por isso, se esquivou? Quantas vezes você alimentou frases que começavam por "E se..." e por isso deixou de conquistar importantes realizações ao longo do seu caminho?

O nosso pior inimigo, o medo, mora dentro de nós. Quando invade a razão, ele tem a capacidade de nos fazer acreditar nas mais improváveis das situações, e assim nos fazer recuar, dar passos para trás em terrenos que talvez jamais tenhamos uma nova oportunidade de conquistar.

Outro dia, em minhas férias em uma praia, observava uma pequena menina, de uns três ou quatro anos de idade, que, sob os olhos atentos do pai, aproximava-se do mar. À medida que a onda recuava, ela avançava em direção à água. Mas, frente ao movimento da maré que produzia outra onda em direção ao continente, ela é quem recuava correndo, com medo da onda. Era uma praia totalmente horizontal, e a água não encobriria nada além daquelas pequenas canelinhas. Mas a criança estava totalmente insegura. Com aquele medo, ela não poderia descobrir a sensação refrescante de pisar no mar em um dia de verão.

Assim, recuamos inconscientemente frente a situações que, no fundo, nos trazem mais oportunidades do que riscos. Damos passos para trás e deixamos de usufruir muitas coisas maravilhosas que estão reservadas para nós.

Adiamos a viagem do final de semana, imaginando o trânsito que enfrentaremos em uma cidade turística ou no retorno para casa, e assim perdemos a chance de ver um pôr do sol em uma montanha.

Naquela praia, ao perceber o receio da filha, o pai segurou suas mãos, e então ela ousou colocar o pé na água. Percebeu que isso era bom, e, depois de alguns minutos, o pai estava com um problema sério: ela não queria sair do mar de jeito nenhum. Toda vez que seu pai tentava tirá-la, ela chorava, espernava e gritava. Estava apaixonada por aquelas mesmas ondas das quais ela tivera tanto medo ainda há pouco.

Enfrente de verdade aquilo que o amedronta, o apavora e o faz pensar em desistir. Ao encarar tais medos, eles se tornarão menores, e você se sentirá maior. Porém, se você tentar evitar, fugir e se deixar derrotar por tais medos, não estará fazendo outra coisa senão alimentá-los e torná-los cada vez mais fortes do que você.

Recentemente, levantei em meus registros informações sobre um curso de oratória que ministrei no Senac-SP. A cada turma, solicitava que os participantes preenchessem um pequeno formulário, no qual uma das perguntas era: Qual o seu maior receio ao falar em público?

Considere que, em sua maioria, os participantes eram profissionais bem-sucedidos que ocupavam cargos de direção ou gerência em empresas e um grande número de advogados. Você faz ideia de quais eram as respostas mais comuns?

"Tenho medo de gaguejar"; "Tenho medo de que me 'dê um branco' enquanto eu estiver falando"; "Tenho medo que alguém me dirija um olhar de reprovação por não concordar com o que eu estou falando".

Perceba que todos os medos relacionados estão associados a algum tipo de "E se...", criados antecipadamente pelos participantes.

"E se eu gaguejar?", "E se me der um branco?".

Mas as respostas para tais questionamentos e a chave para enfrentar tais medos sempre estiveram claras e perceptíveis para todos: estavam na continuidade da pergunta: "E se eu gaguejar, o que é que eu faço?". Aí estava a chave, porque a melhor resposta para uma situação que o coloca fora do controle é encontrar uma solução que devolva a você tal controle.

Encontrar as respostas para tais perguntas elimina a causa do medo.

O que você faz se der um "branco"? Você tem três alternativas, veja qual acha que se enquadra melhor em seu estilo. Primeira alternativa: você sai correndo e nunca mais volta, assumindo que é totalmente incapaz de falar em público; segunda alternativa: você finge que desmaiou, sai bem da situação e ainda se livra da obrigação de continuar falando; terceira alternativa: você assume que deu um branco, interrompe sua fala e diz para o público: "Pessoal, me deu um branco. Vamos retomar a linha de raciocínio?".

Obviamente a terceira opção é a melhor resposta. Não há mal nenhum em retomar a linha de raciocínio frente a um público, e o mais interessante é que quando sabemos que podermos fazer isso, as chances de ter um "branco" praticamente desaparecem.

Em resumo, o medo potencializa a chance de acontecer aquilo que mais tememos. Enfrentar o medo é o primeiro passo para acabar com ele.

E se você gaguejar? Ria de si mesmo e brinque com a situação.

E se alguém olhar com reprovação? Procure os que estão lhe incentivando com o olhar. Lembre-se de que a maior parte das pessoas em uma plateia torce pelo seu sucesso. Para cada "E se...", encontre uma resposta.

Na caverna, o medo de um fez com que todos acreditassem no pior. Em muitas equipes, isso também acontece. A insegurança e a visão pessimista de um integrante podem desestruturar a força de todos os outros. Sempre encontramos alguém que vê primeiramente o lado ruim de uma situação, e frente a qualquer solução apresentada, encontra um problema ainda maior. Você conhece alguém assim? É claro que sim. Mas você conhece alguém assim que é bem-sucedido? Provavelmente não.

Quando uma pessoa se apresenta dessa forma no ambiente empresarial, exteriorizando seus medos, angústias e pessimismo, alguém precisa encarar tais medos, mostrar que a equipe é maior do que os obstáculos e que, na maioria das vezes, paramos e recuamos frente a monstros que na verdade nem sequer existem.

CAPÍTULO 20

Domingo, 22h48 (12 horas e 3 minutos na caverna).

Os cantis estavam transbordando. Ricardo havia escolhido algumas estalactites onde o gotejamento era bastante intenso. Olhei ao redor, e não havia nenhum sinal de um possível desabamento.

— Gente! Eu tinha certeza de que um desabamento iria ocorrer aqui.

Quando passamos por momentos difíceis como esse, acreditar no pior é muito fácil. Nesses momentos, temos que olhar a situação com uma certa isenção para descobrir a real situação, mas isso não é fácil.

— Não se preocupe, Carlos – eu disse. – Aqui estamos todos inseridos em uma mesma situação difícil, e precisamos compreender uns aos outros.

— Não admito que tenha acontecido isso comigo. Eu estudo cavernas há vários anos, e cometer um erro desses é inaceitável...

— A razão é muitas vezes suprimida pela emoção quando nossos maiores temores vêm à tona – complementei.

Entreguei o cantil para Adriana que, com seu olhar, quase nos perguntava: "Vocês vão ficar aí conversando enquanto eu estou morrendo de sede?".

Ela deu um longo gole, e depois cuspiu a água.

— Gente! Isso tem gosto de pedra, cheiro de cal – tossiu.

Júnior pegou o cantil e deu um breve gole.

— Argh! Horrível! Não tem condições de tomar essa água, não.

— A água que goteja da estalactite é muito rica em calcário, imprópria para beber – disse Carlos. – Em outras palavras, não temos mais água.

— Com sede, beberemos essa mesmo – disse Ricardo.

Ele estava certo. Nas próximas horas, beber água com gosto de cal seria uma rotina para a maioria de nós.

— O que vamos fazer para sair desta situação? – questionei, lembrando que havia decisões mais importantes a serem tomadas.

— Cada um tem uma opinião diferente sobre o que devemos fazer – disse Adriana. – Por isso, acho que precisamos escolher um líder que possa tomar decisões pela equipe.

— Concordo plenamente – disse Carlos, com ares de quem era o melhor candidato.

— A melhor maneira de escolhermos um líder é fazendo uma votação. Vamos lá. Cada um indica uma pessoa – propôs Júnior.

Todos concordaram com ele. Usando um pequeno pedaço de pedra, cada um escreveu no chão de barro entre suas pernas a letra da inicial do nome do líder de sua preferência.

Então levantamos e vimos quais letras haviam sido escritas no solo: dois "J" e três "M".

Isso significava que eu acabava de ganhar o privilégio de ser um líder de uma equipe perdida em uma caverna! Que privilégio!

Sei que minha escolha como líder estava associada ao excelente relacionamento que eu tinha com todos, e que Carlos, mesmo sendo o mais experiente, não recebeu nenhum voto porque ninguém concordava com sua ideia de ficar parado esperando que uma equipe de resgate viesse nos buscar.

A partir daquele momento, as decisões que eu tomasse valeriam para todo o grupo. A escolha entre o certo ou o errado, entre um caminho ou outro, entre andar ou ficar parado... Tudo isso poderia definir a continuidade de nossas vidas.

Um peso enorme se depositou sobre meus ombros e me senti completamente sozinho. Agora não eram mais cinco pessoas perdidas. Eu estava perdido, com quatro outras pessoas dependendo de minhas ações.

Comecei a refletir no que era ser um líder e percebi que eu não estava preparado para aquilo. Mas quem ali estaria? Já que o grupo me confiou tal responsabilidade, eu deveria dar o meu máximo, e para tanto, eu precisava de tempo para pensar e organizar minhas ideias.

Então, como líder, tomei minha primeira resolução:

— São mais de dez horas da noite. Estamos cansados, e a mente nestas condições não é capaz de raciocinar adequadamente. Vamos comer mais um pedaço de queijo com goiabada, e tentar dormir. Quando acordarmos, teremos mais disposição para continuar.

— Vamos ficar aqui parados? – com exceção de Júnior, todos pareciam concordar.

— Certa vez, li que o leão, antes de atacar sua presa, sempre dá um pequeno passo para trás. Este será o nosso pequeno passo, e assim que acordarmos, daremos um grande salto.

Deitei-me sobre uma pedra que me parecia mais confortável e fechei os olhos. Não dormiria facilmente, mas eu precisava pensar no que fazer. Por via das dúvidas, segurei meu capacete na mão direita. Eu não queria correr o risco de acordar imaginando novamente que era só um pesadelo. Se isso acontecesse, ao acordar o capacete me lembraria que eu estava perdido em uma caverna, e que tinha uma tarefa a cumprir: tomar decisões que tirassem meu grupo daquela situação. Sim... Meu grupo! Agora eu podia falar assim, e isso me trazia uma forte sensação de responsabilidade. Senti um calafrio similar àquele que havia sentido quando entrei na caverna. Então me dei conta que aquele momento representava um novo início.

Ali, deitado, comecei a refletir no que era liderança e como poderia exercê-la. E só então assumi verdadeiramente meu papel de líder. Eu havia percebido o que era liderança.

"Assuma uma liderança verdadeira."

Um dos temas mais requisitados na área de treinamento é o "Desenvolvimento de Lideranças". Isso acontece porque grande parte das pessoas que exercem esse tipo de cargo nas empresas não está realmente preparada para tal. Ouço histórias repetitivas, do tipo: "Ele era um bom colaborador, e acabou sendo promovido a um cargo de liderança, mas efetivamente nunca foi treinado para isso".

De forma equivocada, muitas pessoas acreditam que a liderança é um cargo, um posto, uma posição hierárquica. Porém, na prática, é muito mais do que isso.

A liderança verdadeira está relacionada com a habilidade de influenciar pessoas, reconhecer seus talentos, desenvolver suas habilidades e aumentar o grau de comprometimento da equipe que lidera com os objetivos reais da empresa e com o seu próprio desenvolvimento pessoal e profissional.

Particularmente acredito que o comprometimento com a equipe e o desenvolvimento de um sentimento de parceria e cumplicidade positiva são as bases primárias do desenvolvimento de uma boa liderança. Ninguém consegue desenvolver um bom trabalho se estiver liderando uma equipe cuja maior vontade é ver o líder substituído. E tal vontade é mais comum do que se imagina nas empresas modernas.

O líder de sucesso é aquele que inspira e que tem em cada integrante da sua equipe um "fiel escudeiro". Sua equipe trabalha unida, e cada um reconhece a importância de seu próprio papel para o alcance dos objetivos propostos pela liderança. Tais objetivos não são impostos pelo líder, mas compartilhados com toda a equipe, o que permite que cada indivíduo assuma, como suas, as metas de todo o grupo. Esse líder sabe que seu sucesso está condicionado ao desempenho de sua equipe, mas também sabe valorizar o esforço e desempenho de todos, reconhecendo os méritos quando os objetivos são alcançados.

Na contramão de uma liderança eficaz, conheço equipes que foram totalmente destruídas por "lideranças não preparadas", profissionais que eram envolvidos e comprometidos com seus trabalhos, mas que, por posturas inadequadas de seus líderes, acabaram definhando e perdendo seus objetivos junto às empresas e departamentos que atuavam.

A liderança é definida por muitos autores como a capacidade de influenciar. Mas o líder pode influenciar positiva ou negativamente, dependendo de suas ações e exemplos frente à equipe.

Conceder privilégios a determinados membros da equipe, lidar com autoritarismo, ausência de reconhecimento, arrogância, falta de habilidade para o relacionamento interpessoal e descontrole emocional estão entre os principais fatores que podem levar uma liderança ao total fracasso.

A maior parte desses erros pode ser corrigida com uma mudança de consciência do líder com relação ao cargo que ocupa e seu real papel frente a uma equipe, seja ela composta por quatro exploradores perdidos em uma caverna ou por profissionais em uma empresa. Reconhecer-se como mais um integrante da equipe é o primeiro passo. Alguns líderes não se veem como integrantes da equipe, mas acima dela, e assim criam uma barreira na aproximação com as pessoas a quem lideram.

Tal mudança de consciência deveria ser norteada por alguns princípios essenciais:

1) Flexibilidade e visão para mudanças positivas

Estamos em um mundo que passa por constantes transformações. O acesso à informação já não é um privilégio de poucos. Certa vez li um estudo que concluí que uma edição de domingo do jornal Folha de São Paulo contém mais informações do que um ser humano receberia em toda sua vida durante a Idade Média.

Assim, o líder deve considerar que, em sua equipe, muitas pessoas poderão trazer dados, ideias, informações e sugestões de grande valia. Muitas vezes, grandes ideias vêm de pessoas que têm pouca escolaridade e até mesmo pouca experiência, mas que podem, a partir da sua ótica, trazer contribuições valorosas para o resultado positivo de um projeto.

Mudar de atitude, fazer ajustes necessários para se atingir um objetivo e se preparar para admitir que existe um caminho melhor do que aquele que parece mais óbvio são ações corriqueiras para um bom líder.

2) Coragem para a ação

Um verdadeiro líder é aquele que age e, assim, inspira sua equipe a agir. Muitas vezes o departamento está mostrando bons resultados, dentro das metas estipuladas e atendendo plenamente às expectativas da empresa. Em tais condições, é mais fácil continuar fazendo o básico. Mas existe uma máxima no ambiente empresarial que diz o seguinte: "Quem não se esforça para ser melhor a cada dia não tem o direito de continuar sendo bom". Por melhores que sejam os resultados, buscar o aprimoramento contínuo é a garantia da continuidade ou do alcance do sucesso. Observe que o título deste tópico traz a palavra "coragem". Agir requer tal característica. Para mim, a coragem está tão ligada à ação que seu oposto não é o medo ou a covardia. Para mim, o oposto da coragem é a inanição.

Muitos líderes sabem o que precisa ser feito, mas não têm a coragem necessária para agir. Algumas atitudes requerem que as lideranças encarem seus superiores, mostrem seus pontos de vista e proponham ações que representem verdadeiras inovações nas empresas em que atuam. Por não terem a coragem necessária para agir, tais líderes se inserem em um processo de inanição e perdem a oportunidade de mostrar seus maiores talentos. Igualmente, as empresas perdem a oportunidade de aproveitá-los.

3) Liderança pelo exemplo

Nada mais atual no mundo corporativo que a liderança pelo exemplo. Já foi a época em que o líder (ou chefe, como era chamado então) ficava atrás de uma mesa, dando ordens e averiguando se todos estavam as executando conforme suas determinações.

Hoje, o verdadeiro líder é aquele que age junto com sua equipe. O líder "coloca a mão na massa", e assim sabe quais são as reais dificuldades, os reais problemas e necessidades de sua área.

Quando coordenei uma grande rede de rádios, fazia questão de apresentar um programa de uma hora por dia. Assim, eu poderia perceber como estava a interação entre os ouvintes e a emissora, as dificuldades técnicas que minha equipe enfrentava, como a plástica sonora poderia ser aprimorada e diversos outros fatores.

Tinha também a oportunidade de mostrar para minha equipe que eu praticava aquilo que deles exigia. Minha pontualidade era a referência para que a equipe se lembrasse de estar no estúdio 15 minutos antes do horário do programa. Ao preencher relatórios e formulários que ficavam ao lado da mesa de som, mostrava aos demais a importância de tais documentos e seu correto preenchimento. Ao errar, admitia publicamente na reunião semanal tais erros e pedia apoio da equipe para melhoria de meu horário. O exemplo dado pelo líder à sua equipe reforça os valores que todos devem cultivar.

Mas o líder não deve agir apenas para dar o exemplo. Suas ações devem estar pautadas pelo mais profundo compromisso de colaborar com sua equipe, como um integrante a mais. Sem dúvida, seu papel é diferenciado, mas não mais importante do que qualquer outra pessoa que trabalha ao seu lado, e compartilha dos mesmos objetivos.

O verdadeiro líder é aquele que age com tanto entusiasmo e certeza que os demais não têm outra opção senão segui-lo.

CAPÍTULO 21

Segunda-feira, 9h00 (22 horas e 15 minutos na caverna).

Meus olhos se abriram com a certeza de que a manhã havia chegado. Somente meu relógio biológico revelava isso, pois a escuridão na caverna permanecia inalterada, a não ser pelo feixe de luz de duas lanternas. Júnior e Carlos já estavam sentados, conversando sem se preocuparem em falar baixo.

Adriana e Ricardo pareciam estar dormindo. Levantei-me e desejei bom-dia a todos. Meu corpo estava muito cansado e dolorido. Dormir sobre pedras não era uma das melhores experiências que se poderia ter.

Estiquei os braços e as pernas em um completo movimento de alongamento. Com o barulho de nossas vozes, Ricardo e Adriana também acordaram e se levantaram.

— Vamos comer alguma coisa? – disse Júnior, apontando para a nossa mesa de café da manhã, já preparada por ele.

Em cima de uma pedra, repousava um pedaço de plástico e cinco pedaços de queijo cobertos com uma fina fatia de goiabada.

Pensei no café da manhã na minha casa. Definitivamente não era como os comerciais de margarina que vemos na TV, onde sempre há uma mesa cheia de sucos de todos os tipos, pães dos mais variados, café quentinho e uma família feliz. De todos, o último elemento era o que mais me fazia falta naquela manhã. O que meus pais estariam imaginando? Provavelmente já teriam ligado para a pousada, e naquele momento estariam em uma busca de informações junto à polícia rodoviária e hospitais.

Peguei meu pedaço de queijo e comi, saboreando cada centímetro, como já fizera antes. Todos também comeram assim, e ao término de nossa refeição, percebi quatro olhares profundos em minha direção. Sem falar uma única palavra, tais olhares me questionavam: "E aí? O que vamos fazer?".

Isso não me incomodou porque eu já sabia claramente o que responder. Eu não conseguiria dormir na noite anterior se não soubesse a resposta daquela pergunta. Então, para contentamento de alguns e descontentamento de outros, revelei minha decisão:

— Estamos aqui há quase 24 horas e não fizemos absolutamente nada de concreto e estratégico para sair da caverna. Até agora discutimos, descobrimos nossas diferenças, andamos em círculos, fizemos algumas tentativas de achar o caminho de forma aleatória, mas na prática não tivemos nenhuma estratégia definida. Por isso, decidi que temos que agir segundo um roteiro de ação: vamos determinar este local no qual dormimos como um QG. Pegaremos caminhos utilizando como estratégia aqueles que mais apresentam inclinação, como já havíamos feito antes, porém faremos marcação de retorno para este ponto. Se encontrarmos um abismo ou algo que nos impeça de continuar, retornaremos para cá, e daqui tomaremos outro caminho, mantendo as marcações de retorno para saber por onde já passamos. O marcador irá colar a fita adesiva, fazendo um pequeno corte na parte superior da seta, assim poderemos distinguir a marcação de retorno que estamos colocando agora daquela original colocada no caminho que nos trouxe até aqui, caso venhamos a encontrá-la. Quando sairmos da caverna, uma equipe mais preparada virá retirar nossas marcações.

— Ok – disse Carlos. – São tantos túneis e corredores que podemos passar dias fazendo isso.

— Esta é a melhor ideia que tive. Dentro desta linha de raciocínio, alguém tem uma ideia melhor?

Todos ficaram em silêncio por alguns segundos.

— E quem fará a marcação de retorno para este ponto? – perguntou Júnior.

Eu também já havia pensado na resposta para tal pergunta, mas sabia que ela incomodaria o grupo:

— O Ricardo vai fazer a marcação de retorno.

Todos, inclusive Ricardo, olharam espantados, quase sem acreditar.

— Mas não foi ele quem errou a marcação que nos colocou nesta situação? – perguntou Carlos num tom de quem definitivamente não queria reacender a discussão.

— Não sei. Só posso afirmar que todos nós merecemos uma segunda chance de fazer certo, e se não confiássemos nele, não teríamos atribuído tal tarefa à sua pessoa quando ainda era possível sair daqui de uma forma racional.

Era exatamente o fato de Ricardo ter sido acusado de culpado pelo grupo que me estimulava a dar ele tão importante tarefa. Afinal, ele não iria querer se responsabilizar de novo por um erro. Além disso, essa oportunidade dava a ele a chance de participar ativamente da redescoberta do caminho de saída, algo que eu sabia ser muito importante para sua autoestima. Eu teria uma pessoa altamente comprometida com o sucesso naquela função primordial. Meu único receio era alguma deficiência técnica de Ricardo no procedimento. Por isso, perguntei:

— Ricardo, você se sente tecnicamente preparado para fazer a marcação?

— Sim, claro... – respondeu ele, com a sede de quem vê um poço no deserto.

Era disto que eu precisava: pessoas comprometidas com o objetivo, e a melhor maneira de cumpri-lo era atribuindo responsabilidades exclusivas a cada um. Então, complementei minha ideia:

— Carlos, por ser o mais experiente da equipe e por seu vasto conhecimento em Geologia, você ficará responsável por perceber nas rochas, espeleotemas e no chão quaisquer características que nos mostrem um possível caminho para a saída ou ainda que deem indícios de que estamos correndo algum tipo de perigo.

Carlos também precisava de sua oportunidade para se redimir da confusão mental que havia passado quando acreditou no falso desabamento.

— Júnior, você é o mais bem preparado fisicamente, por isso, frente a qualquer situação que exija força física, escalada ou avaliação de risco, automaticamente as decisões passam a ser suas. Por favor, considere nessas situações a experiência e força física de cada um da equipe e aja com cautela.

Júnior se sentiu orgulhoso por ter sido reconhecido naquilo que mais gostava de fazer. Sentiu que tinha uma missão junto ao grupo e que ela estava associada à segurança desse grupo. Era isso o que eu precisava para evitar que, em um momento de desespero, ele agisse instintivamente, esquecendo-se de que o grupo era composto por pessoas com menos força física e, no caso de Adriana, uma pessoa sem nenhuma experiência em deslocamento vertical.

Faltava Adriana. Mas eu não consegui ver nenhuma responsabilidade que pudesse ser atribuída a uma pessoa que nunca estivera em uma caverna antes.

Deixá-la sem uma tarefa importante poderia desestimulá-la. Embora o maior propósito de todos estivesse implícito na situação que vivíamos, era importante que todos os integrantes da equipe estivessem envolvidos com uma responsabilidade. Enquanto pensava na atribuição que eu daria a Adriana, observei a fisionomia de todos os meus amigos e como o destino havia nos colocado naquela situação.

Acima do rosto de cada um, fixado no capacete, estava o bico de cerâmica que algumas horas atrás havia sustentado o fogo produzido pelos reatores de carbureto.

E então, como um relâmpago, percebi qual tarefa poderia ser atribuída a Adriana. Não, não era uma tarefa básica, nem algo que inventei para ocupá-la com algo importante.

— Adriana, você ficará responsável pelo controle de todas as nossas provisões: comida, água e pilhas.

Senti em seu olhar uma reação de surpresa. E então, aceitando tal incumbência, ela falou a frase mais importante de todas as que foram ditas naquela caverna:

— Por favor, todos vocês. Apaguem suas lanternas imediatamente.

Em menos de um segundo, um breu intenso tomou conta do ambiente.

"Escreva sua missão e, com ela, alinhe suas ações."

Recentemente, uma grande empresa me contratou para uma atividade junto a seus colaboradores. O objetivo era que profissionais da área de "operações logísticas" escrevessem e determinassem a missão e visão da área que atuavam, em concordância com a missão e visão da empresa.

Imprimimos um enorme banner, onde estava declarada a missão daquela grande corporação, algo do tipo:

"A Empresa Tal tem como missão ser reconhecida como a melhor e mais admirada na área de atuação X, valorizando as pessoas que aqui atuam, respeitando o meio ambiente..." e assim por diante.

Embora a missão da empresa estivesse clara para todos os colaboradores, o gestor da área de logística percebeu que, para que a empresa cumprisse sua missão, precisava de profissionais que conhecessem seu verdadeiro papel e suas responsabilidades na área em que atuavam. Em outras palavras, para que uma missão corporativa seja alcançada, é necessário que as pessoas que atuam nas diversas áreas da empresa estabeleçam uma micromissão. A atividade foi um sucesso, e a área definiu sua missão. Tudo começou com uma pergunta: "De que maneira a área de logística pode auxiliar nossa empresa a cumprir a missão declarada naquele *banner*?".

Muitas respostas vieram em uma dinâmica interessante e envolvente, e o mais interessante é que, depois daquela experiência, muitos departamentos daquela empresa passaram a declarar suas missões alinhadas à missão da empresa. Cada área descobriu e assumiu seus compromissos para que a missão da empresa fosse alcançada.

Aprofundamo-nos ainda mais e pedimos para que cada colaborador escrevesse sua missão pessoal para auxiliar sua área a cumprir a missão estabelecida. Então, cada um escreveu com suas palavras e com seus sentimentos os motivos que os faziam ir todos os dias até seu local de trabalho, dedicar-se e assim ajudar aquela empresa a ser a melhor e mais admirada em seu segmento. Assim, mudando as pessoas, podemos mudar as empresas. Os participantes se envolveram profundamente nesse processo e, a cada vitória coletiva, brindavam suas vitórias individuais.

Não preciso dizer que tal empresa acabou sendo reconhecida como a melhor e mais admirada em sua área, não é verdade?

Essa experiência, assim como a experiência da delegação de atividades na caverna, nos ensina que, somente quando temos um objetivo claro e assumimos como nossas as responsabilidades sobre uma determinada tarefa coletiva, podemos fazer o melhor.

Por isso, ofereço estímulos a todos os líderes para descobrirem os maiores talentos de seus colaboradores. Em seguida, incentivo cada líder a reconhecer tais habilidades e atribuir uma responsabilidade associada a elas para cada colaborador.

A sensação de reconhecimento, somada à sensação de dever, é um tônico estimulante e fortificante para a vida profissional de qualquer pessoa. Quando as pessoas me perguntam: "Qual é o segredo da motivação?", sempre respondo: "Não existe uma receita pronta para motivar uma equipe, porém dois ingredientes são essenciais em qualquer receita que venham a inventar. São eles: reconhecimento e responsabilidade".

Ora, a missão de nossa equipe era muito clara para todos: sair da caverna. Mas, enquanto cada um não recebesse uma responsabilidade específica, que nos ajudaria a cumprir esse objetivo maior, não éramos ainda verdadeiramente uma equipe.

Enquanto o trabalho for um compromisso que começa às 8h e termina às 17h, cujo objetivo é somente nos dar um salário para que possamos pagar as contas e ter um certo conforto, não nos sentiremos verdadeiramente motivados para dar o nosso melhor.

Ao assumirmos a importância do nosso trabalho para um propósito maior, vendo além daquilo que é óbvio e reconhecendo a recompensa financeira como uma consequência de nosso esforço e dedicação, estaremos traçando um caminho de ascensão em direção ao sucesso.

E você? Já estabeleceu sua missão para sua vida profissional? E para sua vida pessoal? As respostas para uma vida cheia de motivação podem estar associadas às respostas dessas perguntas.

CAPÍTULO 22

Segunda-feira, 9h30 (22 horas e 45 minutos na caverna).

A responsabilidade de cuidar dos suprimentos da equipe mudou a forma como Adriana estava encarando aquela situação. Antes disso, ela se considerava apenas um peso para o grupo: era a única mulher, totalmente inexperiente naquele tipo de situação, e ainda por cima tinha dado um belo trabalho para todos no episódio do paredão. Desde então, Adriana havia simplesmente seguido orientações e ordens.

Quando ouviu que sua responsabilidade estava associada a uma das coisas mais importantes para um grupo perdido em uma caverna, ganhou um novo ânimo e, de súbito, uma percepção veio à tona: estávamos gastando mais pilhas do que o necessário. Em uma atitude rápida, que mais parecia um reflexo, orientou todos a apagarem as luzes imediatamente e, para sua surpresa, foi plenamente atendida.

Ali, no escuro total, Adriana sentiu uma ansiedade diferente. Percebeu que a responsabilidade era realmente sua, e que todos estavam dispostos a obedecer às suas orientações.

Então expressou com sua voz um tom que misturava firmeza e ansiedade:

— Com todas as lanternas acesas, nossas pilhas terminarão quatro vezes mais rápido do que se mantermos apenas uma lanterna acesa por vez.

Ela estava absolutamente certa. Como eu não havia percebido isso antes? Ela continuou:

— Precisamos usar os recursos que temos de maneira otimizada, e como já gastamos muita pilha nas últimas horas, faremos um racionamento daqui pra frente.

O silêncio continuou dominando o ambiente, e a ausência de qualquer manifestação mostrava que todos concordavam com ela. Então, um *click* revelou a presença de um pequeno feixe de luz. Ele vinha da lanterna que estava na mão de Adriana.

— Carlos, me passe a mochila.

Ele entregou o que ela pedia, tomando o cuidado de abri-la antes. Adriana iluminou o seu interior e tirou com cautela tudo o que tínhamos: um pedaço pequeno de queijo, um pouco menos do que metade da goiabada e um conjunto sobressalente de pilhas, suficientes para o reabastecimento de mais uma lanterna.

— A partir deste ponto, utilizaremos uma lanterna por vez. Como é a melhor maneira de nos locomovermos nestas condições? – ela se dirigia a Carlos.

Ele pensou por alguns segundos. Os espaços entre as palavras deixavam transparecer que ele construía a ideia enquanto falava:

— O ideal é fazermos uma fila indiana, um com as mãos nos ombros do outro... Sugiro que o Maurício, por ter sido escolhido como líder, vá na frente conduzindo a lanterna e iluminando o chão à sua frente. Se ele encontrar qualquer terreno mais acidentado, pedra, buraco ou algo similar, deve orientar o grupo (pausa). Ao final de cada túnel, o Ricardo, que estará na última posição da fila, terá autorização para acender sua lanterna para fixar a marcação de retorno (pausa). Como estou incumbido de analisar solo e rocha em busca de presença de umidade e outras características geológicas, aproveitarei esta oportunidade para observar as condições da caverna. Vocês concordam?

Todos concordaram. Isso fez Carlos também encarar a situação de uma maneira diferente: agora, para ele, aquela também era uma situação "pra valer".

Eu estava me sentindo mais confiante do que nunca. Sabia que todos ali também estavam, afinal, pela primeira vez, tínhamos uma estratégia clara e definida. Mais do que isso: cada um estava assumindo seu verdadeiro papel dentro da estratégia traçada, respeitando as responsabilidades e decisões de todos os outros.

O grupo havia percebido que somente com a cooperação e o trabalho conjunto poderíamos sair dali.

Adriana colocou nossos suprimentos de volta na mochila, e a colocou nas costas. Júnior interveio, pedindo a mochila, já que era o mais forte do grupo. Adriana iria logo atrás dele, de forma que teria fácil acesso ao conteúdo da mochila caso precisasse.

Então nos levantamos, e formamos a fila. Eu iria na frente, atrás de mim a sequência era a seguinte: Júnior, Adriana, Carlos e Ricardo.

Acendi minha lanterna e escolhi um dos túneis para começar, considerando aquele com maior declive. A cada passo que eu dava, sentia o peso da responsabilidade de ter os demais dependendo da minha visão.

Esse é o papel de um líder. Com sua visão, deve conduzir a equipe, sempre indicando o caminho, passando segurança e valorizando os talentos individuais dessa sua equipe.

Ao final de cada túnel, todos cumpriam o combinado: luz, marcação de retorno e análise das condições da caverna...

Em pouco mais de trinta minutos de caminhada, minha lanterna se tornou bastante fraca e troquei de lanterna com Júnior, pois a dele estava mais forte.

As pilhas dessa outra lanterna duraram mais trinta minutos aproximadamente.

Então, percebendo o que estava acontecendo, Adriana interveio mais uma vez na forma como estávamos usando nossos recursos.

— As lanternas estão com as pilhas bastante gastas. Se continuarmos a usar dessa maneira, ficaremos sem iluminação em breve.

E então se dirigiu a mim:

— Com a luz da sua lanterna, você consegue ver com clareza a que distância?

Apontei a lanterna para a frente e disse:

— Vejo até uma pedra retangular logo ali à frente.

— Então, conte quantos passos daremos até ela.

Contei em voz alta, enquanto me locomovia com o grupo:

— Um, dois... sete, oito... Oito passos.

Era só isso que Adriana precisava saber para expressar uma nova ideia, que tornaria nosso deslocamento muito mais difícil e lento, porém nos daria chance de termos iluminação por mais tempo. Para o nosso desespero (sobretudo o meu), o que ela falou fazia pleno sentido.

CAPÍTULO 23

Segunda-feira, 12h15 (25 horas e 30 minutos na caverna).

A voz de Adriana soou como uma punhalada em todo o grupo:

— Precisamos andar com todas as lanternas apagadas o maior tempo possível. Assim multiplicaremos o tempo de vida útil das pilhas.

— Faz todo o sentido – disse Júnior. – Não sabemos quanto tempo ainda caminharemos até encontrar uma saída, e ficar sem iluminação seria a pior coisa que poderia nos acontecer.

— Então, como a luz nos dá visão para oito passos, caminharemos cinco passos por vez por segurança – disse Carlos. – Ilumine à sua frente, verifique se não há nenhum obstáculo, apague a luz da lanterna e conte os passos.

Essa seria minha rotina nas próximas horas.

Pedi que todos entregassem as lanternas para Adriana. Somente eu e Ricardo continuaríamos cada um com uma lanterna em mãos.

Acendi minha lanterna, iluminei o caminho à minha frente e disse:

— Vamos lá: mais cinco passos.

Apaguei a lanterna, e meus olhos não conseguiam ver absolutamente mais nada à minha frente. Com os pés, eu ia tateando o chão, pois mesmo tendo observado há alguns segundos a condição plana e livre do terreno, meu cérebro insistia em acreditar que um buraco, uma pedra ou mesmo um abismo poderia estar à minha frente. Contei em voz alta:

— Um, dois, três, quatro e cinco.

Senti uma sensação de alívio por saber que eu poderia acender a lanterna novamente, e a luz revelou a continuação do corredor.

— Mais 5 passos – apaguei a lanterna. – Um, dois, três, quatro e cinco.

Acendi novamente e agora estávamos em uma bifurcação. Escolhi o caminho da direita:

— Vamos pela direita. Alinhem-se comigo, e vamos lá. – Lanterna apagada – Um, dois, três, quatro e cinco. Ricardo, coloque a marcação de retorno.

Ricardo marcou, Carlos observou a umidade da rocha e deu aval para continuarmos. Aquele ciclo se repetia continuamente: lanterna apagada – um, dois, três, quatro e cinco – lanterna acesa e eu observava os próximos passos – lanterna apagada – um, dois, três, quatro e cinco – lanterna acesa por alguns segundos – um, dois, três, quatro e cinco...

Percebi que estávamos fora do "Queijo Suíço", quase não havia bifurcações. Era um grande túnel, mais largo e mais amplo do que os que havíamos deixado para trás.

O grupo estava quase hipnotizado pela sequência de luz/escuridão na qual estávamos inseridos. Não paramos para comer ou beber. Só tínhamos em mente chegar à saída da caverna. Acostumado com aquela rotina, comecei a tatear o chão com menos cuidado, e em alguns minutos meu cérebro já confiava plenamente no que meus olhos viam nos segundos anteriores, fazendo meus pés caminharem sem nenhum cuidado adicional. Percebi que a confiança adquirida permitia que eu desse passos maiores.

— A cada vez que acender sua lanterna, ilumine também o teto – pediu Carlos. – Não quero que o grupo passe sob nenhuma área de risco.

Isso me ajudou a mudar um pouco a rotina. Iluminava à frente e acima.

****

Não tenho certeza de quanto tempo havia passado, mas a rotina de acender e apagar lanternas continuava.

Acendi a lanterna e então iluminei o chão à minha frente. Ele estava diferente, parecia muito mais escuro, negro... Tão negro que minha lanterna não refletia a luz.

Fixei melhor o olhar, e então percebi: não era um chão negro, mas sim um grande precipício, tão grande que a luz da lanterna não alcançava o fundo.

Fui vagarosamente trazendo o foco da lanterna para perto do meu próprio pé, o que a luz revelou me causou uma vertigem incontrolável: meus pés estavam a menos de 10 centímetros da borda do penhasco.

Meu corpo se desequilibrou e, contra a minha vontade, se projetou na direção do abismo.

As mãos de Júnior, apoiadas sobre os meus ombros, me puxaram para trás. Não fosse isso, eu teria caído abismo abaixo sem nenhuma chance de apoio.

Todos recuaram, e a uma distância segura, nos sentamos. Bebi longos goles da água guardada em meu cantil. O gosto de cal não me incomodava mais.

Olhei para o túnel e percebi que ele acabava ali, no precipício. Teríamos que voltar e escolher outro caminho.

Estávamos andando de cinco em cinco passos há cerca de três horas. Para quê? Para descobrir que escolhemos um túnel que terminava em um precipício? Eu realmente estava desanimado, mas não podia mostrar isso para minha equipe, e então disse:

— Vamos descansar por algum tempo e, depois, pegar o caminho de volta até o ponto onde dormimos. Esta é a estratégia que traçamos.

Adriana dividiu o pequeno pedaço de queijo que sobrara em cinco pedaços e distribuiu entre o grupo. As lanternas se apagaram novamente, e enquanto saboreava meu pedaço, comecei a pensar e me preparar para dar os próximos passos. Agora com menos esperança, pois sabia que o caminho não nos levaria à saída, mas de volta ao ponto onde havíamos dormido naquela noite.

Imaginei o sol lá fora, os pássaros cantando, uma linda cachoeira que eu conhecia naquele parque, as excursões de escola que visitavam a parte turística da caverna e o almoço que deveria estar sendo servido nas pousadas que rodeavam o parque. Era uma tentativa de me inspirar a levantar e continuar buscando a saída.

Lembrei-me que teria que andar novamente contando passos, apagando e acendendo lanterna. Em outras condições, seria mais fácil desistir. Mas ali não havia outro jeito, a única opção era continuar.

"Desenvolva autoliderança."

Autoliderança é a capacidade que todos nós temos de liderar nossas próprias ações, vontades e decisões. Exercemos autoliderança em nossas vidas todos os dias, quando acordamos e decidimos nos levantar de nossas camas, quando decidimos qual caminho tomar para ir ao trabalho ou quando escolhemos o almoço no restaurante.

Em esferas mais amplas, a autoliderança está associada à disciplina em realizar as ações e tarefas segundo nossos valores e princípios.

Nas empresas, a autoliderança aparece associada às obrigações, prazos e objetivos que assumimos. De fato, qualquer um que assume um cargo de liderança, antes de mais nada, deve assumir sua autoliderança.

Eu havia aprendido alguns bons motivos para desenvolver minha autoliderança:

1) O líder é quem mais corre risco em uma equipe

Na posição em que me encontrava, fatalmente eu seria a primeira vítima de um abismo. Estar na frente da equipe me incumbia de um forte senso de responsabilidade sobre todos, mas me colocava na posição mais arriscada. Assim também é na nossa vida profissional: o líder é quem vai na frente, observando o terreno, advertindo sua equipe sobre possíveis obstáculos, determinando a rota e criando um traçado seguro para os demais. Mas ele também é o que corre mais riscos quando algo não dá certo. Por isso, a autoliderança é de extrema importância: ela dará a tranquilidade necessária para tomar as decisões corretas nos momentos mais difíceis.

2) O líder jamais permite que sua equipe se desestimule

Por mais difícil e árduo que seja um caminho ou uma tarefa, o líder tem a obrigação de estimular sua equipe a acreditar e a continuar, mostrando que juntos todos podem atingir grandes metas. Entretanto isso não pode ser feito de maneira falsa ou artificial. O líder precisa acreditar e superar suas crenças limitantes antes de estimular sua equipe. Ele deve usar sua autoliderança para se convencer de que é possível, e que o esforço vale a pena. Caso contrário, não conseguirá convencer ninguém, pois só podemos difundir aquilo em que realmente acreditamos.

3) O líder acredita em si, independentemente do que as pessoas possam dizer

Naquela situação de liderança, aprendi a confiar em minhas decisões. Autoliderança nos faz sentirmos fortes e confiarmos nas estratégias traçadas ao longo do caminho. Ao longo da nossa jornada, sempre encontraremos pessoas tentando nos convencer a fazer coisas e mudar de atitudes em favor de suas necessidades. Nessas horas, precisamos colocar nossa autoliderança em prática, e sem deixar de avaliar novas possibilidades, ter força e coragem para acreditar e cumprir o plano que traçamos.

CAPÍTULO 24

Segunda-feira, 16h05 (29 horas e 20 minutos na caverna).

Não acreditei quando iluminei meu velho relógio de pulso com a lanterna: já estávamos há mais de 30 minutos sentados, descansando.

Eu sabia que a equipe havia se desestimulado ao encontrar o abismo, e um sentimento de apatia estava tomando conta do grupo. Acendi minha lanterna e fiquei em pé. As expressões faciais de cada um só confirmavam minha percepção: queríamos ser carregados, teletransportados dali para fora.

— Vamos – eu disse, em tom animador, sem saber se queria animar aos demais ou a mim mesmo.

— Acho melhor ficarmos aqui – disse Carlos. – Podemos gritar neste abismo, e se alguma equipe de busca estiver lá embaixo, certamente irá nos ouvir.

— Não sabemos onde este abismo vai dar ou se estamos sobre a parte inicial ou final da caverna. Mas podemos tentar gritar antes de ir embora.

Até que era uma boa ideia. Uma forma de aliviar a tensão. Fui perto do abismo e soltei um grito alto:

— Alguém me ouve? Estamos aqui em cima.

Apenas o eco respondeu.

— Vamos, gritem vocês também.

Júnior, Ricardo, Carlos e Adriana também gritaram, mas somente o eco respondeu.

Então, fui até o abismo e gritei:

— Você é bonitão!

E o eco reproduziu a frase.

— Faz tempo que eu não ouvia isso – brinquei.

Pela primeira vez desde que percebemos estar perdidos, o grupo riu animadamente.

Júnior também resolveu brincar:

— Você é fortão.

E o eco reproduziu a frase.

E então Ricardo fez algo que mudou o ânimo da equipe:

— Vocês são corajosos!

Carlos se posicionou próximo ao abismo:

— Não desista nunca!

Adriana também bradou sua mensagem de otimismo:

— Nada pode vencer a equipe "Zero Lux".

E então percebi o que estava acontecendo: estávamos falando para nós mesmos que éramos capazes e que não devíamos desistir frente àquele obstáculo.

"Assim é também a nossa vida: ao falarmos coisas positivas, o mundo nos devolve energia positiva."

— Vocês estão vendo? – perguntou Adriana. – Estamos reforçando aquilo em que acreditamos. Não é esse abismo que irá nos fazer parar.

— Vamos em frente – falou Carlos. – Encontraremos o túnel certo desta vez, afinal uma experiência malsucedida não indica o fracasso da próxima.

Posicionei-me à frente do grupo, apontei a lanterna na direção ao caminho de volta, verifiquei se havia algum obstáculo no chão e apaguei a lanterna. Juntos, em uma só voz, contamos os passos:

— Um, dois, três, quatro e cinco.

O abismo estava ficando cada vez mais para trás. Nosso desânimo também.

"Escolha continuar quando a maior parte das pessoas decide parar."

Todas as histórias de sucesso têm em comum a persistência. Não conheço ninguém que tenha alcançado o sucesso sem ter que, em algum momento da sua história, travar uma luta contra a possibilidade de desistir.

Olhe para a sua própria história de vida até aqui: quantas portas já se fecharam? Quantas vezes você ouviu pessoas dizerem que não era possível realizar aquilo que você queria? Quantos obstáculos ditos intransponíveis já se apresentaram à sua frente? Quantas vezes você pensou em desistir daquilo que mais queria pelas dificuldades que se apresentaram em seus caminhos?

A persistência é uma das maiores aliadas dos vencedores. Enquanto muitos desistem frente aos primeiros obstáculos, outros decidem continuar quando é mais fácil parar, no momento em que é mais fácil desistir.

E a história está repleta de pessoas de sucesso que contam exatamente isso: que a persistência é o caminho que mais leva pessoas ao sucesso.

Para cultivar a persistência e ter força de continuar quando é mais cômodo e fácil parar, precisamos aprender com os "ecos" das cavernas. Precisamos nos alimentar continuamente de pensamentos positivos, de crenças realizadoras, de princípios que nos impulsionem na direção que queremos e precisamos andar. Quanto mais nutrirmos tais pensamentos, mais o mundo nos devolverá força para alcançarmos o que queremos.

Quando falo em persistência, sempre me recordo do Campeonato de Pilotos de Fórmula 1, em 1989. No GP do Japão, bastava que Ayrton Senna não terminasse a corrida para que Alain Prost se tornasse campeão.

O problema (para Prost) é que Senna era um excelente piloto, e ele sabia que corria o risco de não levar o campeonato. Então, em uma determinada curva, onde Senna e Prost disputavam uma posição, o francês jogou seu carro para cima de Senna, e ambos saíram da pista.

Prost saiu do carro, desistindo da corrida, com a plena certeza de que Senna faria o mesmo. Mas os grandes vitoriosos sabem que devem continuar quando os derrotados preferem desistir.

Senna pediu ajuda aos fiscais de prova que ficam próximos à pista, e retornou à corrida, perdendo diversas posições. Com o bico do carro totalmente quebrado, Senna voltou aos boxes, teve seu carro consertado e, com determinação, passou todos os seus oponentes, chegando em primeiro lugar.

Embora a direção da prova tenha desqualificado Senna por ele ter retornado à pista contornando a curva após o acidente, o que tornou Prost campeão da temporada, é óbvio que o mérito e o sucesso são de Senna[*]. Para Prost, sobrou a tarefa de levantar sua taça de campeão, pesada por estar cheia de desonra e jogos políticos.

O sucesso não está necessariamente ligado ao reconhecimento como campeão, mas ao melhor que cada um pode fazer.

O que podemos aprender com esse fato é que não importa o que os outros falarão ou como eles agirão, precisamos acreditar no nosso potencial e jamais desistir. Acreditar, superar e realizar são ações próprias das pessoas de sucesso.

Eu não sei o que você quer realizar na vida, quais seus sonhos e objetivos; mas sei que você precisará de muita força e persistência para chegar lá.

Sempre que você quiser algo em sua vida, você deverá considerar algumas verdades:

1) Você sempre irá encontrar alguém que vai torcer contra você

Não importa o que você decidir realizar, você sempre vai encontrar alguém pronto para desencorajá-lo, dizer que não é possível e que vai contar relatos de pessoas que não foram bem-sucedidas ao tentar o mesmo que você.

Costumo chamar essas pessoas de "dementadores", em referência à fábula infantil de Harry Potter. Naquele mundo, dementadores são criaturas que se alimentam de boas lembranças, sugando-as de suas vítimas. A simples presença dos dementadores torna o ar gélido e sem esperanças.

Nem sempre esses "dementadores" do mundo real agem intencionalmente. Muitas vezes, tentam desestimular os que acreditam em seus sonhos como uma reação de defesa. São pessoas que não acreditam que podem realizar seus próprios sonhos ou não têm coragem suficiente para sair da zona de conforto e se arriscar a realizá-los.

Como ficam ali, em total inanição, não suportam a possibilidade de outras pessoas realizarem aquilo que mais querem. E, acreditem, muitas pessoas deixam seus sonhos para depois (ou para nunca mais) por acreditarem mais nesses "dementadores" do que em si mesmas.

---

[*] A decisão da FIA (Federação Internacional de Automobilismo) pesou a favor de Prost, influenciada pelo seu diretor Jean-Marie Balestre, que era também francês e grande amigo de Prost.

2) Nós é que determinamos o poder que as pessoas têm sobre nossas vidas

Se olharmos com cuidado, perceberemos que entregamos o controle de nossas vidas para outras pessoas, mais vezes do que gostaríamos.

Não fazemos isso exclusivamente ao desistirmos de algo que queremos muito por influência dos outros, mas também em outras situações do nosso dia a dia.

Quem nunca foi destratado por um cliente no início do dia? Quem nunca perdeu o controle no trânsito e ficou com uma enorme raiva e vontade de perseguir o carro de seu desafeto desconhecido só para lhe dar uma lição?

Quem de nós nunca deixou um dia inteiro ser estragado por situações como essas? Quando fazemos isso, estamos entregando a outras pessoas (as quais muitas vezes não conhecemos e nunca mais voltaremos a ver) o direito de acabar com o nosso dia – um dia único, que nunca mais vai se repetir.

Da mesma forma, quando entregamos nossos sonhos para pessoas que dizem que não é possível, estamos entregando a elas a oportunidade única que todos temos de viver de forma plena.

Antes de acreditar em uma verdade que não é sua, avalie bem seu interlocutor. Você aceitaria uma dica de investimento financeiro de alguém que vive em condições financeiras difíceis? Claro que não. Então não entregue sua capacidade de ir atrás de seus sonhos para pessoas que ainda não foram atrás dos delas.

3) Somos resultado daquilo que fazemos, não do que os outros falam de nós

Quando decidimos ir ao encontro de nossos sonhos, mesmo contrariando as pessoas que disseram não ser possível, provavelmente nos tornaremos alvos de críticas, fofocas e comentários.

Essa é mais uma arma usada pelos "dementadores" para nos impedir de realizar aquilo que mais queremos.

Lembre-se sempre de ouvir o "eco" de seus pensamentos. Quando souber que estão falando coisas negativas a seu respeito, encha-se de energia e pensamentos positivos. Não dê atenção ao que os outros dizem, e concentre-se verdadeiramente em você.

Se você gastar inutilmente energia tentando se vingar, provar o contrário ou destruir tais fofocas, estará fazendo exatamente aquilo que os "dementadores" esperam: perderá seu foco principal, que é a realização de seu objetivo.

Reputação e caráter são coisas diferentes.

Reputação é aquilo que falam de nós e representa uma verdade relativa, que muda com o passar do tempo e com a forma como as pessoas nos veem. A reputação pode ser distorcida de acordo com a percepção e a intenção de quem fala.

Caráter é aquilo que realmente somos. Nossos valores, ações, atitudes e princípios definem o nosso caráter. Representa a verdade absoluta do que somos e que somente nós mesmos conhecemos. Nosso caráter irá sobreviver à nossa reputação porque não há mentira que resista a uma verdade.

4) Intenção é diferente de determinação
Nosso calendário está cheio de oportunidades para realizarmos mudanças. Seja nas promessas de ano novo, quando observamos os fogos de artifício, seja a cada segunda-feira – o melhor dia da semana para iniciar um regime –, seja na Páscoa – data que representa o renascimento e a possibilidade de renovação.

Nessas oportunidades, revelamos a nós mesmos a intenção de mudar de atitude, de sermos mais realizadores, de acreditarmos mais naquilo que nos faz sentirmos vivos. Tais intenções são verbalizadas em frases que são comumente repetidas entre as pessoas:

"Este é meu ano".

"Nesta segunda-feira é pra valer".

E quantas e quantas vezes repetimos essas mesmas frases! Eis a maior prova de que não estamos realizando aquilo a que nos propomos.

Quando pergunto para as pessoas da plateia em minhas palestras quantas vezes elas já disseram tais frases, a grande maioria das pessoas diz que já perdeu a conta.

Repeti-las nos mostra que temos intenção de mudança, mas não a determinação necessária para trazer tais intenções para o mundo concreto. Sem dúvida, quando dizemos tais frases, acreditamos verdadeiramente na possibilidade de mudança ou na sorte que se apresentará a nós nos próximos dias ou meses, mas somente acreditar não é suficiente.

Determinação é a intenção acrescida de atitude.

Li uma parábola que relatava a história de um viajante que gostaria de atravessar um lago de uma margem a outra, e para isso resolveu contratar o serviço de um barqueiro que poderia conduzi-lo de maneira segura e rápida.

Ao entrar no pequeno barco, o viajante percebeu que em cada um dos dois remos estava escrita uma palavra, eram elas: ACREDITAR e AGIR.

Sem conseguir conter sua curiosidade, resolveu perguntar ao barqueiro:

— Por que essas palavras estão escritas no remo?

E então, sem responder nada, o barqueiro pegou o remo onde estava escrito ACREDITAR e somente com ele remou com toda sua força.

O barco se moveu em círculos, sem sair do lugar.

Então o barqueiro repousou aquele remo e pegou o outro chamado AGIR. Repetiu as fortes remadas, e o resultado foi o mesmo: o barco girou, agora no sentido contrário, mas não saiu do lugar.

Em seguida, usando os dois remos simultaneamente, o barqueiro remou com menos força, porém com ritmo e assim conduziu o pequeno barco à outra margem.

O viajante pagou pelo serviço e desceu agradecendo.

Antes que o barqueiro virasse o barco para voltar à outra margem, ainda teve tempo de observar o nome gravado na embarcação que tinha remos ACREDITAR E AGIR. Seu nome era: AUTOCONFIANÇA.

CAPÍTULO 25

Segunda-feira, 20h00 (33 horas e 15 minutos na caverna).

O caminho se revelava à nossa frente a cada acender e apagar de lanterna. Quando iluminado, eu conseguia ver as dimensões, a profundidade e o traçado dos próximos passos. Com a lanterna apagada, eu percebia as pedras no chão onde meus sapatos pisavam, o cheiro e por algumas vezes a textura das paredes onde minhas mãos encostavam.

É verdade que a consciência de que eu estava voltando ao local onde havia dormido representava um certo desânimo. Eu queria andar em direção à saída, e naquele momento, somente essa seria a motivação para que eu me movimentasse.

Eu tentava convencer minha mente, dizendo a ela que o retorno era necessário para escolhermos outro caminho: o caminho certo. Mas meus argumentos não eram fortes o suficiente para ela, que insistia em me mostrar como seria longa a caminhada. Se havíamos levado três horas para chegar até o abismo, em um caminho que era descida, eu estimava pelo menos mais três horas e meia para voltar, uma vez que a subida e o cansaço eram obstáculos decorrentes de nosso esforço anterior.

À medida que o tempo passava, a caminhada se tornava mais difícil e árdua para todos nós, embora ninguém ousasse falar.

Quando estávamos há duas horas caminhando, meu corpo se recusou a dar o próximo passo. Acendi a lanterna e vi um longo corredor, e quando a apaguei, não andei, não dei o próximo passo. Eu queria me sentar, chorar, desistir...

Foi então que descobri um jeito de me convencer a continuar.

Pensei:

"Vamos lá. Vamos dar só mais um passo".

Meu corpo respondeu e pensei: "Agora mais um".

Sim, era disso que eu precisava, de um passo por vez. Se eu imaginasse a distância e as dificuldades, o caminho seria mais penoso.

"Mais um passo. Concentre-se no próximo passo", eu repetia insistentemente para mim mesmo, somente em minha mente.

As grandes distâncias a serem percorridas não pareciam mais tão desafiadoras, os obstáculos a serem enfrentados, como a escuridão, as pedras e a possibilidade de ficarmos sem luz, pareciam menos apavorantes.

Tudo o que eu precisava fazer era dar o próximo passo...

Logo pensei que passo a passo eu estava vencendo os túneis e, a cada nova bifurcação, eu recolhia a fita adesiva da marcação de retorno, e pensava: "Vamos lá! Mais um túnel".

E, assim, passo a passo, de túnel em túnel, eu descobri que o caminho era mais fácil do que eu imaginava.

Quatro horas depois de deixar o abismo para trás, estávamos todos exaustos e de volta ao local onde nós havíamos dormido na noite anterior. Havíamos saído daquele mesmo local há pouco menos de oito horas. Dá para imaginar o que são oito horas andando de cinco em cinco passos, acendendo e apagando lanternas?

Lembrei-me de que três das cinco lanternas já haviam se apagado por completo. Tínhamos mais duas lanternas e uma carga de pilhas. As pilhas eram como ampulhetas que contavam o nosso tempo para sair dali e, macabramente, também poderiam contar o nosso tempo de vida.

Deitei-me no mesmo lugar onde eu havia dormido na noite anterior. Agora era descansar um pouco e recomeçar a busca por outro caminho, sem a certeza de que era o caminho certo, mas com a certeza de que nosso tempo estava se esgotando.

Apaguei a quarta lanterna pela última vez. Ela não se acenderia mais.

"Estabeleça metas claras, objetivas e viáveis."

Sem metas claras definidas, não temos força para continuar. As metas são as baterias que nos movem em qualquer direção, e alcançá-las nos dá uma nova energia em busca de metas ainda maiores.

Podemos definir metas de todos os tamanhos, com prazos variados e objetivos diferentes.

Metas maiores devem ser compostas de metas intermediárias menores, que também servirão de estímulo para continuarmos.

A experiência na caverna mostra nitidamente como tais metas interagem entre si:

— Meta de curto prazo: o próximo passo.

A cada vez que eu dava um passo, de alguma forma, atingia uma meta, e essa meta me dava energia para o próximo passo.

— Meta de médio prazo: alcançar o fim do túnel.

A cada túnel concluído, era uma meta maior alcançada, composta por diversas metas menores (representadas por cada passo).

— Meta de longo prazo: retornar ao ponto onde havíamos dormido.

Essa era a meta traçada como objetivo pelo grupo. Era aquele o nosso objetivo principal naquele momento. Mas essa meta também estava inserida em uma meta ainda maior: a meta de resultado.

— Meta de resultado: sair da caverna.

Por analogia, podemos aprender que para realizar objetivos e sonhos também devemos estabelecer metas, e uma das melhores maneiras de fazer isso é aprender a enxergar o caminho de trás para frente.

Podemos começar fazendo duas perguntas básicas, cujas respostas devem ser muito claras e objetivas. São elas:

1) Aonde quero chegar?

Essa pergunta irá revelar qual o nosso objetivo maior final, qual nossa meta de resultado. Seja comprar um carro, uma casa, dar estudo para os filhos ou mesmo atingir um volume de vendas de um determinado produto.

2) Onde estou hoje, com relação a essa meta?

Não é possível traçar nenhum caminho sem responder a essa pergunta. Muitas pessoas sabem claramente a resposta da primeira pergunta (aonde querem chegar), mas nem todas se perguntam exatamente onde estão. Definir esse ponto de partida é essencial para traçarmos metas de curto, médio e longo prazos rumo aos nossos objetivos.

Com essas duas perguntas respondidas, podemos dar o próximo passo, perguntando:

— **Quando eu irei atingir tal meta?**

Temporizar a meta é de suma importância para sua realização, pois metas não inseridas em um objetivo temporal possuem tendência a não se concretizar, pois sempre podemos deixá-las para amanhã.

— **Quais são os "passos" que preciso realizar para atingir essa meta, e quando devo concretizá-los?**

Considerando que sabemos onde estamos, aonde queremos chegar e quanto tempo queremos levar pra chegar lá, já temos todos os ingredientes necessários para serem temperados com nossa "ação", o segredinho que faz parte da nossa receita. Para traçar as metas, podemos observar o caminho de trás para frente, como neste exemplo:

- **Meta de Resultado:** formar-me em Direito.
- **Quando:** daqui a 5 anos e meio.
- **Onde estou:** não estou cursando nenhuma faculdade e não estou preparado para prestar o vestibular.

Como definir minhas metas:
- **Em 5 anos e meio:** formado.
- **Em 4 anos e meio:** terminando o quarto ano.
- **Em 3 anos e meio:** terminando o terceiro ano.
- **Em 2 anos e meio:** terminando o segundo ano.
- **Em 1 ano e meio:** terminando o primeiro ano.
- **Em meio ano:** ingressando na faculdade.

- **Em 5 meses:** prestando vestibular nas faculdades x e y.
- **Em 4 meses:** preparado para o vestibular.
- **Em 1 mês:** estudando 2 h por dia para o vestibular.
- **Amanhã:** estudando pelo menos 30 minutos por dia.
- **Hoje:** começar a estudar, agindo neste plano.

É claro que muitos objetivos e metas intermediárias podem ser acrescentadas nesse plano de ação. Para terminar o primeiro ano, por exemplo, o que devemos fazer nos doze meses que o compõem? Assim definiremos as metas de curto, médio e longo prazos. O exemplo aqui citado tem apenas como objetivo ilustrar a importância de promovermos uma visão global do objetivo que pretendemos atingir, pensando em todas as etapas que o compõem.

E, para finalizar nossa observação sobre tais metas, gostaria que você atentasse para a última linha do nosso plano de metas, onde está escrita a palavra "hoje".

Agir imediatamente: nada pode ser tão benéfico para atingir metas de todos os tamanhos em todos os prazos. Um número incalculável de objetivos deixa de ser atingido porque as pessoas deixam para "amanhã". Somente no hoje, e planejando uma ação a cada dia, é que podemos nos manter no foco de nossos objetivos.

Por isso, não se permita, em hipótese alguma, cair na armadilha do "amanhã eu começo". Parafraseando Pablo Picasso, "apenas adie para amanhã aquilo que você quer morrer e ter deixado sem fazer".

CAPÍTULO 26

Segunda-feira, 21h00 (34 horas e 15 minutos na caverna).

Meus pés latejavam, e tirá-los de dentro da bota era um alívio. Fiz uma rápida massagem nos meus dedos, e dei a eles a triste notícia: teriam que voltar para dentro da bota para continuarmos a busca pela saída da caverna. Pedi a quinta lanterna para Adriana, e depositei a velha que já não acendia mais na mochila. Resolvi falar algumas palavras de incentivo ao grupo:

— Pessoal! Vamos em frente. Acho que podemos sair da caverna daqui a pouco, e ainda dormiremos na noite de hoje em um belo colchão, com cobertor, depois de tomar uma sopa quentinha, acompanhada de pães.

— De sobremesa – brincou Júnior. – Teremos "Romeu e Julieta", a combinação perfeita do queijo com a goiabada.

Todos riram. Ninguém queria mais ouvir falar em goiabada e, por outro lado, todos estávamos loucos para comer o pedaço que ainda restava. Mas Adriana não permitia, estava firme em sua tarefa:

— Não está na hora de comer ainda. Vamos esperar até o final do dia ou pelo menos até encontrarmos o rio.

Essa era a nossa esperança: encontrar o rio que nos levaria à boca da caverna. Um daqueles cinco túneis seria o primeiro passo de um caminho que poderia nos levar ao rio. Eu já havia tentado um deles, agora escolheria outro.

Repetimos a formação em fila indiana, e escolhi o túnel do meio. Dos restantes, era o que aparentava ter maior declive.

O ciclo de acender e apagar lanternas se repetia de cinco em cinco passos. Agora eu estava mais atento, verificando descidas mais íngremes e a possibilidade de encontrar abismos.

Desta vez estávamos mais animados, pois sabíamos que poderíamos estar no caminho certo. Fiquei imaginando o que aconteceria se encontrássemos um túnel sem saída ou outro abismo no final deste caminho.

Nossa iluminação estava acabando, e convencer o grupo a voltar e tentar outro túnel seria penoso e dramático.

Os primeiros 52 minutos de caminhada naquele túnel não apresentaram nada de diferente: as mesmas pedras, com as mesmas formações e cores. Mas, no minuto de número 53, quando acendi a lanterna para dar os próximos cinco passos e percebi que estávamos em uma bifurcação, algo me chamou a atenção: parecia que do túnel da esquerda soprava uma leve brisa:

— Gente, estou sentindo uma brisa, vindo do túnel da esquerda.

A euforia foi grande. Adriana comemorou:

— Não acredito! Achamos a saída!

— Calma! – disse Carlos. – Pode ser um sinal de que estamos no caminho certo, mas a saída ainda deve estar longe.

Carlos se locomoveu à frente do grupo, e ao chegar no túnel, estampou um sorriso que trazia uma mensagem inconfundível: estávamos no caminho certo. Sem titubear, entramos no túnel.

Caminhamos por mais 20 metros, e novamente uma bifurcação. Escolhi o caminho da esquerda.

Todos estavam ansiosos por uma boa notícia, algo que nos estimulasse a caminhar, por isso, mesmo sem ter muita certeza do que estava falando, eu dizia:

— A brisa está mais forte.

"Precisamos inspirar nossa equipe a acreditar, dando ênfase às boas notícias e informações que podem aumentar a produtividade do grupo."

Júnior já soltava alguns gritos de empolgação, quando acessamos um túnel mais largo que os outros, em cujo solo Carlos disse ter percebido sinais de umidade.

Foi no meio desse túnel que a quinta lanterna deu sinais de que não acenderia mais. Foi ficando mais fraca, mais fraca, até que apagou por completo.

Carlos acendeu o isqueiro que estava em seu bolso, e assim tivemos iluminação para fazer a troca de pilhas. Se por um lado eu lamentava que aquelas eram as últimas pilhas restantes, por outro eu me lembrara do isqueiro. Ainda poderíamos ter iluminação (ainda que fraca) por um bom tempo.

Eu via a chama do isqueiro se movimentar, comprovando que a brisa estava se intensificando, e isso me estimulava a caminhar mais.

Mais alguns metros, e meus ouvidos me revelaram algo extraordinário:

— Pessoal! Eu estou ouvindo barulho de água. Está longe, mas eu estou ouvindo.

— Silêncio, todo mundo – falou Ricardo. – Ninguém se mexe, não respira e nem fala nada.

Era barulho de água!

— É água! – gritou Ricardo. – Vamos achar o rio!

Gritamos em comemoração. Aquele era o caminho! Mesmo que o túnel terminasse em um abismo, estávamos bem próximos do rio!

Continuamos caminhando, e as palavras eram mais intensas e animadas:

— O barulho de água está mais alto!

— Eu posso sentir o cheiro do rio – dizia Júnior.

— O ambiente está bastante úmido!

— Não acredito! Vamos sair.

Minha vontade era acender a lanterna e sair correndo na direção do barulho da água, mas eu não podia fazer isso.

Acendia a lanterna e iluminava longe, tentando ver o rio. Mas ao repetir essa ação, algo me colocou em desespero: parecia um túnel sem saída. Não fazia sentido. Como o vento poderia estar vindo de um túnel sem saída?

Continuamos andando, e percebi que havia um pequeno quebra-corpo à esquerda.

— Fiquem aqui parados, eu vou ali na frente ver o que há depois da cavidade – afirmei com a certeza de que encontraria algo muito bom.

Mantive a lanterna acesa durante o trajeto. Virei à esquerda e pude ver o que aquela cavidade revelava. Então voltei imediatamente ao encontro do meu grupo. Perguntei:

— Adriana. Que horas vamos comer a goiabada?

— Quando chegar a noite, ou quando encontrarmos o rio.

Respirei fundo, olhei para todos, e sem conseguir conter a emoção, disse:

— Pois é, meus amigos. Não sei se a noite já chegou, mas está na hora de comermos a goiabada.

PRA VALER

****

Aprendi com Adriana que prudência nunca é demais. Meu instinto era cortar a goiabada em cinco pedaços e comer, comemorando o fato de termos encontrado o rio. Mas ela o fez em dez, e guardou cinco pedaços para uma possível emergência que poderia aparecer.

Ainda antes de comer, cada um quis ver com seus próprios olhos o rio que nos levaria para fora da caverna.

Logo após o pequeno "quebra-corpo", havia uma superfície bastante plana de dois metros que terminava em uma parede de aproximadamente dois metros e meio, e logo abaixo estava uma piscina natural, por onde o rio passava antes de continuar seu trajeto rumo à boca da caverna.

Foi ali, naquele espaço, que saboreei a melhor goiabada da minha vida. Enquanto comia, lembrei Júnior de sua responsabilidade:

— Como se trata de pular em uma piscina sem sabermos o que tem dentro dela, é prudente que você desça pela parede e mergulhe verificando se não há pedras ou outros riscos. Se for o caso, desceremos pela parede também.

Júnior se sentiu orgulhoso com aquela tarefa. Engoliu seu pedaço de goiabada e se dirigiu à borda da superfície acompanhado por Ricardo, que iluminava a descida com a lanterna que restava.

— Júnior, pare! Não entre na água! Precisamos avaliar uma coisa antes de continuarmos – bradou Carlos.

O grupo ficou em silêncio. Era inconcebível ter que avaliar alguma coisa naquele momento. Havíamos procurado o rio para avaliar se poderíamos entrar nele?

— Como assim? – perguntou Adriana. – Não existe outra opção senão entrarmos no rio.

— Sei que todos estão nervosos, tensos e loucos para chegar em casa – complementou Carlos. – Mas não podemos colocar nossas vidas em risco sob a alegação de salvá-la.

Júnior se mostrou impaciente, e se sentou na beira da plataforma:

— Pode falar. O que pode nos colocar em tanto risco?

— Sabemos o quanto estamos sentindo frio, e que essa água é muito fria. Se ficarmos muito tempo nessa água, corremos o risco de entrar em processo de hipotermia.

— O que é isso? – perguntou Adriana.

Todos nós que explorávamos caverna sabíamos, mas foi o próprio Júnior que explicou enquanto observava o rio abaixo de seus pés:

— Hipotermia acontece quando ficamos expostos muito tempo a temperaturas baixas, e o corpo não consegue produzir calor suficiente para manter sua própria temperatura em níveis mínimos aceitáveis. A hipotermia, se não controlada a tempo, leva à morte.

Realmente era algo em que devíamos pensar. Simplesmente entrar no rio era uma atitude irresponsável, considerando que a temperatura da água é bastante baixa e agressiva.

— Mas o que vamos fazer? – perguntou Júnior. – Parados aqui, neste frio, também corremos risco de hipotermia. Além disso, nossa iluminação está acabando. Precisamos arriscar.

— Não – interveio Carlos de maneira firme e decisiva. – Não precisamos correr mais riscos do que já estamos correndo. Provavelmente teremos que entrar nessa água, mas acho melhor pensarmos nas possíveis consequências, e como podemos nos prevenir delas.

— Está certo – disse Júnior. – Talvez a melhor opção seja um de nós sair da caverna e depois retornar com uma equipe de resgate para buscar os demais. Temos uma lanterna e um isqueiro. Eu saio com a lanterna e o grupo fica com o isqueiro.

Separar o grupo definitivamente não era uma boa ideia, e nisso todos concordávamos:

— Entramos aqui juntos – disse Ricardo. – E é assim que vamos sair. Carlos, quantos metros de desenvolvimento tem esta caverna?

— Aproximadamente sete mil metros.

— Isso quer dizer que estamos no máximo a sete quilômetros da boca, certo? – questionou Ricardo, completando sua linha de raciocínio.

— É isso mesmo.

— Bem, então se andarmos a um quilômetro por hora, o que é uma velocidade bastante baixa, sairemos daqui em, no máximo, sete horas.

— Concordo que sete horas nesta água fria não é fácil – disse Júnior. – Mas sei que é possível sobrevivermos sete horas se estivermos agrupados e procedermos da maneira correta. Além disso, não ficaremos o tempo todo submersos na água, o rio é raso na maior parte de sua extensão.

— Bem – disse Carlos. – Não temos a solução perfeita, mas pelo menos analisamos a situação.

Então, Júnior desceu vagarosamente pela parede. Ao colocar os pés na água, gritou:

— Está muuuito fria!

Sem pensar e hesitar, mergulhou todo seu corpo na água, soltando um urro. Em seguida, nadou pela piscina, quase sem iluminação, tomando o cuidado de manter suas mãos à frente do corpo. Nadou, em especial em um trecho onde poderíamos pular, e então disse:

— Este é um trecho fundo, sem pedras e obstáculos. Podem pular.

— Eu sabia que as aulas de natação serviriam para alguma coisa – disse Adriana, feliz por não precisar descer pela parede.

Júnior abriu espaço, e então, um a um, pulamos na água. Primeiro Ricardo, depois Carlos e Adriana. Era minha vez. Antes, porém, coloquei a lanterna que eu segurava na mochila de estanque e a joguei para o grupo. Lá de baixo, Júnior pegou a lanterna e iluminou a piscina natural.

Pulei e, flutuando no ar, tive um pensamento que me fez sentir gelado. Tão gelado que a temperatura da água não seria um problema.

Lembrei-me de que o isqueiro estava no bolso de Carlos, e que Carlos estava com o corpo todo submerso na água.

Eu queria gritar, mas não dava. Já estava totalmente embaixo daquela água fria, nadando em direção à superfície.

"Faça o que precisa ser feito e assuma riscos."

Se quisermos crescer, temos que assumir alguns riscos, os quais, antes de tudo, devem ser medidos. Não é porque "correr riscos" é algo fundamental para o nosso crescimento que iremos sair por aí, a torto e a direito, correndo riscos desnecessários, e nem tampouco nos aventurando em situações que qualquer análise mais racional nos mostraria poucas chances de sucesso.

Precisamos, antes de mais nada, correr riscos medidos.

Análise de riscos é um exercício de "prever" o futuro, de estar um passo à frente de qualquer situação para não sermos pegos de surpresa, e ainda assim muitas situações não previstas podem se apresentar em nosso caminho.

Analisar riscos não significa somente medir as consequências de uma possível ação, mas também avaliar as consequências de uma possível inanição. Ficar parado tem seus riscos, não só em uma caverna, mas também na vida.

Veja o caso de uma amiga minha que está infeliz em seu casamento, pronta para uma separação. Abandonar anos de convívio, a segurança de um lar, sua posição social e outros benefícios decorrentes da vida matrimonial tem seus riscos. Porém viver amargamente ao lado de alguém que não lhe faz feliz e, por vezes, a maltrata também tem seus riscos.

Nesse caso, a questão é: ela precisa pesar os riscos e ver em qual situação ela correrá mais risco de ser feliz.

Neste exato momento em que estou escrevendo estas linhas, estou em um voo de Brasília para São Paulo, correndo todos os riscos que uma viagem de avião traz. Junto com os riscos, o benefício: chegar a São Paulo em oitenta minutos. O homem não foi feito para voar e, por isso, quando inventa uma nova tecnologia que lhe dê asas se coloca em riscos. Vale dizer que uma viagem de ônibus me colocaria em um risco muito maior, se considerarmos as estatísticas de acidentes aéreos e rodoviários.

Nem sempre aquilo que parece ser mais arriscado realmente o é.

Saí de uma empresa onde ministrei uma palestra ainda há pouco. Lá conheci uma pessoa com uma história um tanto quanto interessante: trata-se de um técnico em segurança do trabalho que atuava em uma filial da mesma empresa, em uma cidade bastante distante da capital federal. Seu relacionamento com a noiva estava ficando comprometido devido à distância, pois ambos se viam raramente.

Depois de dois anos nessa situação, ele pesou os riscos: se continuasse na empresa, perderia a pessoa que mais amava na vida. Para voltar à sua cidade, teria que pedir demissão, correndo o risco de ficar um longo período desempregado. Por telefone, conversou com sua noiva, e é claro que ela disse que não queria que ele abandonasse um bom emprego por ela. Mas, no fundo, ele sabia: não seria possível manter as duas coisas ao mesmo tempo.

PRA VALER

Em uma tarde, conversou com seu chefe, explicou a situação e pediu demissão. Como era um colaborador dedicado na empresa, o chefe contatou uma filial da empresa que fica a apenas 120 quilômetros de Brasília, e conseguiu uma transferência.

Ele já havia solicitado isso algumas vezes, mas nunca fora atendido.

A empresa, quando percebeu o risco real de perder um excelente funcionário, agiu imediatamente para mantê-lo.

Ele não podia prever que isso iria acontecer, e nem agiu estrategicamente para chegar ao objetivo. Porém, ao resolver correr um risco, ele conseguiu algo que jamais obteria se tivesse medo de agir: manteve seu emprego e seu relacionamento.

Sem correr riscos, ele perderia um... E, talvez com o tempo, perderia o outro...

CAPÍTULO 27

Segunda-feira, 21h45 (35 horas na caverna).

A água gelada dava a sensação de diversas lâminas penetrando em minha pele simultaneamente.

Embora eu nadasse três vezes por semana em uma academia perto do meu trabalho, subir na escuridão total era algo desesperador! Eu conseguia ver traços de luz na superfície e levei apenas alguns segundos para chegar à tona para respirar.

Sem perder um segundo, gritei para Carlos:

— Você guardou o isqueiro na mochila?

A resposta veio em sua ação. Desesperado, sob a água, colocou a mão no bolso superior do macacão e tirou o isqueiro completamente molhado.

— Meu Deus! – disse ele, enquanto tentava acendê-lo. – Ficou no meu bolso.

É claro que o isqueiro não acenderia.

— Se ficarmos sem a luz da lanterna, podemos esperar que ele seque. Com certeza ele voltará a acender – disse Ricardo.

— A questão não é se ele voltará ou não a acender depois de seco – complementei. – Mas, sim, quanto tempo ele levará para secar. Estamos molhados em um ambiente frio e com vento. Não teríamos tempo para esperar.

— Agora só temos uma coisa a fazer – disse Carlos. – Precisamos economizar mais do que nunca as nossas pilhas. Quanto tempo elas devem durar se continuarmos aquele processo de apagar e acender lanternas?

— Acho que umas 8 horas – disse Ricardo, dono da lanterna que sobrara: a mais potente e, portanto, a que mais consumia. O conjunto de pilhas sobressalente era de um tamanho que só poderia abastecer aquela lanterna.

— Bem, está no tempo médio que temos para sair da caverna – disse Adriana.

— Então, não vamos perder tempo – disse Júnior. – Vamos na direção do fluxo do rio. A piscina termina logo ali na frente e depois o rio é raso. Aí poderemos voltar a acender e apagar a lanterna a cada 5 passos novamente.

Nadamos alguns metros e a piscina se transformou em uma corredeira na altura da minha cintura. Como caminharíamos na direção da correnteza, a força da água não era um obstáculo.

Por outro lado, meus pés precisavam tatear bem o chão antes de cada passo, afinal, o leito do rio tinha muitas pedras e alguns buracos.

Formamos novamente a fila indiana. A sensação do macacão molhado naquele túnel de vento multiplicava o frio que eu estava sentindo. Mas ao pensar no cobertor, na cama e na sopa que poderiam estar me esperando nas próximas horas, eu ganhava forças.

Não era possível desistir, aquela era uma situação "pra valer".

Com a lanterna, apontei o caminho à minha frente e observei a água. Apaguei a lanterna, e contei os cinco passos. Desta vez, não ouvia o barulho dos nossos passos, pois nossos pés estavam se locomovendo completamente submersos, exatamente como em breve todos nós também estaríamos.

****

Depois de caminhar por uma hora com os pés embaixo da água em um terreno acidentado, você sente que a temperatura é sua aliada. Se por um lado o frio é incômodo, por outro ele lhe mostra que precisa continuar e chega a anestesiar dores mais superficiais.

A caminhada no rio era difícil, sobretudo pela inconstância do seu leito. Em alguns pontos, tão raso que a água mal chegava ao joelho; em outros pontos, tão profundo que chegava próximo à altura do pescoço. Tais trechos se intercalavam de tal forma que o ciclo de entrar e sair da água era contínuo, o que tornava a situação ainda mais difícil.

Quando sentíamos que o macacão molhado estava absorvendo o calor do corpo, tínhamos que entrar novamente com quase todo o corpo na água fria, praticamente gelada. Em seguida, ao sair dela, o vento intensificava a sensação de frio proveniente do macacão molhado. Não era possível contornar os trechos mais fundos do rio, pois não havia nada na margem a não ser paredes. Ironicamente, a obrigatoriedade de continuar caminhando fazia os músculos se mexerem e produzirem calor.

Os últimos sessenta minutos haviam transcorrido daquela maneira, mas, de repente, a característica do rio mudou: passou a ter um nível mais contínuo, acima dos meus joelhos, e seu leito ficou mais plano, com poucas pedras. Parecia ser forrado de uma areia. Seria isso um indício de que já estávamos perto da saída? Eu queria acreditar que sim. A cada cinco passos, o ritual de acender e apagar lanternas continuava. Júnior se lembrou da época em que serviu o Exército:

— Vocês já repararam que os soldados possuem marchas acompanhadas de gritos de guerra? Eles servem para manter o ritmo e a animação da tropa.

— Acho que é isso que estamos precisando – falei. – Você se lembra de algum grito? Além de manter o ritmo, se tiver alguma equipe de busca aqui dentro, poderão nos ouvir.

Parecia ridículo gritar uma marcha naquela situação. Mas era a mais pura verdade que, fazendo barulho, poderíamos chamar a atenção de alguma equipe de resgate.

— Então, vamos lá – disse Júnior. – Vamos começar com esse aqui...

— Não! Agora, não! – disse Carlos quando acendi minha lanterna após o quinto passo. – Observem na água a sua volta.

Mantive a lanterna acesa por mais tempo do que os ciclos exigiam e apontei na água a nossa volta. A princípio não reparei em nada; mas, ao apontar a lanterna um pouco mais longe, à minha direita, percebi que havia algo se movimentando dentro da água. Parecia um pedaço de plástico, branco. Com a luz da lanterna, iluminei em diversas áreas a mais ou menos uns cinco metros de nós. Ali, naquelas águas mais calmas, havia dezenas de "plásticos como aquele" se movimentando, nadando...

— Não se mexam – disse Carlos. – Fiquem completamente parados. Não mexam nem os dedos dos pés sob a água.

Apaguei a lanterna, e assim ficamos por um minuto. Adriana ficou desesperada:

— O que é isso? Algum animal venenoso? É perigoso?

— Não – disse Carlos. – Pelo contrário. Estamos prestes a ver uma das formas de vida mais impressionantes do planeta. Um tipo de peixe que só existe em alguns raros locais do mundo. Esta caverna é um deles.

Eu sabia do que Carlos estava falando. O "bagre cego" era um peixe totalmente adaptado ao ambiente cavernícola. Seríamos algumas das poucas pessoas no mundo que já tiveram contato com aquela forma de vida.

Ficamos em silêncio, sem nos mexer. Apaguei a lanterna, apenas para economizar pilhas, pois eu sabia que a luz não causaria qualquer impacto em tais peixes.

Senti algo esbarrar em minha perna, e então soube que estava na hora de acender a lanterna. Iluminei à nossa volta, e dezenas de bagres cegos nadavam ao nosso redor.

— Meu Deus! – disse Adriana. – Que lindo!

— Por favor – insistiu Carlos. – Não se mexam e nem toquem neles. Os bagres cegos são formas de vida extremamente frágeis. Para quem acredita em Darwin, se adaptaram ao ambiente cavernícola ao longo de milhões e milhões de anos. Reparem que, embora não possuam olhos, as cavidades para o globo ocular ainda são perceptíveis.

— Por que eles estão perto de nós? – perguntou Ricardo.

— Eles raramente têm contato com seres humanos ou outros animais, e por isso não sabem o perigo que nós representamos. Mas eles sabem que estamos aqui graças aos seus longos bigodes. Em total e plena escuridão, os olhos não serviriam para nada, mas a natureza os dotou desses sensíveis bigodes que podem perceber alguém pisando na água há dezenas de metros de distância.

Era incrível observar aqueles peixes totalmente à vontade em um ambiente como aquele. Ao vê-los nadar, minha esperança se redobrava, pois eu sabia o que eles comiam: microfauna do rio, que trazia nutrientes de fora da caverna e outros alimentos que eram trazidos com o guano, as fezes dos morcegos.

Em outras palavras, a presença dos bagres cegos nos indicava que o rio em que estávamos tinha contato com o mundo exterior.

Sem falar nada, ficamos contemplativos por longos minutos, sem nos preocuparmos com as pilhas da lanterna, com o corpo molhado ou com o frio. Tudo o que queríamos era observar aquelas lindas criaturas, que nadavam por entre nossas pernas.

Pensei que talvez encontrássemos morcegos acima de nós, e apontei a lanterna para o teto. Percebi então que ele estava mais baixo do que há alguns metros, e que estava se tornando cada vez mais próximo da água à medida que o rio avançava pelos próximos metros.

Para nossa surpresa, logo ali na frente, o teto tocava na água e o rio continuava sob ele, sem nenhum espaço para respirarmos. Ou seja, se quiséssemos continuar no rio, teríamos que mergulhar naquele trecho sifonado, onde a água encostava no teto. Uma decisão que não seria fácil de se tomar.

Em uma caverna, a gente aprende que a ciência serve, dentre outras coisas, para nos provar a existência de Deus. Só Ele poderia ter criado aqueles peixes, ainda que para isso tivesse usado a evolução das espécies.

Era hora de nos entregar às mãos d'Ele, como bagres cegos que, embora não possuam a visão, podem perceber a presença do que não podem ver.

"Perceba o invisível para poder realizar o impossível."

Nós, seres humanos, temos a capacidade de nos adaptar às mais diversas situações. Lidamos com perdas, com conquistas e desafios de maneiras diferentes, mas todas as situações representam adaptações à nossa forma de encarar o mundo e o futuro.

Fico imaginando como o bagre cego surgiu na natureza. Segundo as leis de Darwin, um grupo de peixes deve ter caído acidentalmente em uma caverna, de onde não conseguiam sair. Então, alimentando-se e vivendo em total escuridão, reproduziram-se e, em diversos e diversos ciclos de vida, a natureza começou a perceber que os olhos não eram mais necessários naquele ambiente sem luz. Em compensação, dotou o peixe de longas barbatanas extremamente sensíveis que fazem o papel dos olhos: perceber o ambiente a sua volta.

Todos nós também nos adaptamos a novas situações. A perda de alguém que amamos, o término inesperado de um relacionamento, uma mudança de cidade ou a mudança de emprego. Situações que, em um primeiro momento, podem parecer desesperadoras, mas com as quais aprendemos a conviver, a lidar e através delas buscar novas oportunidades.

Tenho um amigo que, depois de dez anos de um relacionamento estável, com dois filhos, chegou à sua casa e recebeu a notícia mais desesperadora de sua vida: sua esposa havia saído de casa e levado com ela os seus maiores tesouros – aquelas pequenas crianças. Ligou para o celular dela inúmeras vezes naquela noite, mas ela não atendia. Tudo o que ele tinha era um bilhete escrito pelas mãos trêmulas da ex-esposa: "Não aguento mais viver assim. Saí de casa, e amanhã ligarei para acertarmos detalhes do nosso divórcio".

Uma noite angustiante, sem conseguir pregar os olhos, ligando a todo instante para a sogra, mas sua esposa não estava lá.

No dia seguinte, como prometido no bilhete, o telefone tocou. Era ela, explicando que não o amava mais e que tomara aquela decisão depois de muito pensar. Ela nunca havia manifestado descontentamento com o relacionamento, mas, segundo ela, por mais injusto que pudesse parecer, esse era o seu jeito de lidar com o mundo. Os pequenos desgastes de uma relação a dois fizeram o copo transbordar.

Ele ficou de cama, entrou em depressão, emagreceu vários quilos e via seus filhos nos finais de semana. Achou que não iria suportar, me ligou inúmeras vezes afirmando que a melhor saída seria acabar com sua própria vida. Certa vez, tomou comprimidos e precisou ser levado ao hospital, depois de desistir do suicídio. Nem todo mundo consegue fazer isso a tempo.

À medida que o tempo passou, ele percebeu que sua vida era muito importante para os filhos e para ele mesmo. Descobriu que podia aprender a cozinhar, a lavar e passar. Fez viagens sozinho, e percebeu que ele mesmo era uma excelente companhia para suas maiores realizações. Dedicou-se com carinho aos filhos, com consciência de que o amor deles era incondicional, e que a separação jamais mudaria o fato de seus filhos serem sua família. Ainda amava a mãe deles, mas agora de um jeito diferente. Queria que ela fosse feliz, e assim abriu espaço para sua própria felicidade.

Em uma viagem, encontrou alguém que também viajava sozinha. Trocaram ideias e se aproximaram. Tinham uma história parecida. Apaixonaram-se, se casaram, viveram juntos e descobriram que estavam a vida inteira um esperando pelo outro. Decidiram não ter filhos, pois já tinham uma família enorme para cuidar, mesmo que seus membros não estivessem sob o mesmo teto.

Hoje, vivem em um bairro de classe média de São Paulo, sem muito luxo, mas repletos de felicidade. Aprenderam que as perdas da vida podem nos trazer novas conquistas, e que nunca devemos nos desesperar, por maior que seja o problema. Dentro de cada um de nós, existe uma força capaz de nos impulsionar em direção à nossa felicidade, e que acima de nós existe um plano maior.

Quando observamos o problema de perto, inseridos nele, não temos uma ampla visão sobre o que podemos extrair dele. Nos desesperamos. É como observar um trem: se estivermos perto dos trilhos, o trem passará tão rápido que não saberemos o seu tamanho, quantos vagões tem a composição, de onde vem ou para onde vai. Mas, se olharmos de cima, do alto de uma montanha, saberemos o tamanho do trem, o caminho que está fazendo e qual sua direção. Precisamos aprender a olhar os problemas de cima, e teremos a certeza de que nos adaptaremos às novas situações e que grandes oportunidades poderão surgir.

Para isso, precisamos também aprender a contemplar a vida. Ali, naquela caverna, tínhamos um trecho sifonado à nossa frente.

Um obstáculo que poderia ser considerado intransponível, e que, somado ao cansaço, à falta de alimento, ao frio, aos macacões molhados e ao risco de hipotermia, poderia representar literalmente o nosso fim.

Mas, mesmo sabendo disso, e sem ter o que fazer, contemplamos por longos minutos os bagres cegos que nos rodeavam.

Não é porque estamos em uma situação difícil, com problemas e inquietações, que não iremos apreciar as belezas da vida, conviver com as pessoas que amamos e com elas viver momentos inesquecíveis. Muitas pessoas imaginam que a felicidade virá com a ausência dos problemas, mas a felicidade acontece, apesar dos problemas.

As pessoas felizes que conheço têm muitos problemas porque perceberam que as adversidades fazem parte da vida, mas ser vítima delas é uma questão de escolha.

CAPÍTULO 28

Segunda-feira, 23h00 (36 horas e 15 minutos na caverna).

Os bagres cegos ficaram ao nosso redor por três ou quatro minutos. Alguém não conseguiu se manter completamente imóvel e, ao se mexer, fez com que os peixes se afastassem rapidamente para longe de nós. Era o seu instinto de sobrevivência. Qualquer movimento era uma ameaça.

— Agora temos um grande desafio – disse Júnior. – Passar por um trecho sifonado, onde a água encosta no teto, sem saber o seu tamanho, e sem iluminação, pois esta lanterna não funciona sob a água.

— Ela é apenas resistente à água – complementou Ricardo. – O que significa que suporta gotejamentos e até estar acesa sob a chuva, mas não pode ser submersa.

"A chuva", pensei. "Como eu queria estar molhado por estar embaixo da chuva".

— Como assumi a responsabilidade de tomar a frente quando uma situação radical se apresentasse, eu serei o primeiro a entrar no trecho sifonado – disse Júnior.

— Não estou entendendo – retrucou Adriana, como já era de se esperar. – Vocês estão dizendo que nós entraremos nesse túnel, mergulhando nesta água e sem a certeza do seu tamanho, sabendo que não há ar para respirar?

— Mais ou menos – falou Carlos. – Não entraremos no túnel todos de uma vez, e faremos tudo com cautela.

— É melhor voltarmos – disse Adriana. – Podemos voltar para a parte seca e encontrar outro caminho que nos coloque em um ponto mais à frente no rio.

— Isso não é mais possível – disse eu, trazendo à tona uma realidade que não poderíamos deixar de encarar. – Estamos molhados, se voltarmos para a parte seca e nos perdermos novamente, corremos o risco de morrer de hipotermia. Temos que torcer para que esse seja apenas um pequeno trecho sifonado, como as dezenas deles que encontramos em muitas cavernas por aí. Geralmente possuem um ou dois metros, e é fácil passar por eles.

— Concordo – complementou Carlos. – Mas Júnior, desta vez você não será o primeiro. Você ficou responsável por atividades que exigissem força. Neste caso, minha experiência conta mais do que sua força.

Júnior ficou em silêncio. Isso indicava que ele consentia com a iniciativa de Carlos.

— Se tivéssemos trazido uma corda – lamentei em voz alta. – Estaríamos em menor risco.

— Sei que é uma ousadia, mas preciso fazer isso pelo grupo e pelas pessoas que nos esperam lá fora. Adriana, sei que você está assustada, e todos aqui estamos, mas é necessário fazer isso para continuarmos vivos. Logo, nossa lanterna vai se apagar, e sentiremos cada vez mais frio. Perderemos a consciência, e então nos tirarão sem vida daqui. Não é isso que você quer! Então vamos enfrentar nossos medos e ousar. Eu irei até onde sei que meu ar permite que eu volte. Se sentir que não dá para passar, então tentaremos outra estratégia, mas garanto que qualquer uma é mais arriscada do que essa.

Posicionamo-nos na frente do túnel sifonado. Eu segurei a lanterna:

— Vou ficar apontando para a água. Se você precisar voltar, olhe para a luz.

— Está certo, meu irmão. Vamos em frente.

Ficamos em completo silêncio enquanto Carlos olhava para o túnel. Ele pegou uma das lanternas que ainda acendia com uma iluminação muito fraca, se apagava depois de quinze ou vinte segundos. Mas seria o suficiente para ver o que tinha do outro lado antes de voltar e nos buscar. Fez uma oração. Respirou fundo, com a ponta dos dedos prendeu a respiração e entrou no túnel sifonado.

Mantive a lanterna acesa na direção da água. Passaram-se menos de quarenta segundos, e Carlos retornou. Eu tinha esperança de que ele dissesse que era um trecho pequeno, mas a notícia não era tão boa:

— Pessoal, não é um trecho de um ou dois metros. Não sei o seu tamanho, mas precisarei tentar mais algumas vezes.

— Boa sorte para nós – disse Ricardo, visivelmente abalado. – Deixe-me segurar a lanterna.

O choro em sua voz era evidente.

— Já que eu não consegui sinalizar nosso retorno lá em cima, quero sinalizar o seu retorno, meu amigo.

Carlos repetiu o ritual. Fez uma nova oração e mergulhou no túnel sifonado. Desta vez ele iria mais longe.

Entre nós um silêncio total. Minha percepção de tempo estava alterada, mas acredito que se passaram dois minutos, três, quatro...

O único som que ouvíamos era o da água entrando no trecho sifonado e o gotejar de algumas estalactites.

De repente, ouvi um *click* no botão da lanterna. Ricardo a havia apagado. E isso significava que, para ele, Carlos não voltaria.

****

A sensação do tempo passando é diferente quando estamos em uma situação como aquela. Alguns minutos podem durar uma eternidade. Em um silêncio absoluto, e envolto em meus pensamentos, eu já admitia a possibilidade de não sair dali com vida.

Comecei a perceber o que realmente era importante na minha vida: as pequenas coisas e alegrias que negamos viver por excesso de trabalho ou por uma injustificável falta de tempo.

Ouvia o soluçar de um choro contido na garganta de alguém. Eu não sabia de quem era, mas ele refletia minha própria vontade de gritar, berrar, chorar, pedir socorro, de estar no colo de minha mãe.

Foi em meio a essas emoções que ouvi a água se agitar. Será que os bagres haviam voltado?

Ricardo acendeu a lanterna e, do túnel sifonado, vimos uma figura aparecer.

Cansado, exausto e quase sem respiração, Carlos emergiu da água, perguntando:

— A lanterna... não... ficaria... acesa?

Um enorme grito de alegria ecoou de toda a equipe. Carlos estava vivo e nossa chance de sairmos vivos da caverna continuava existindo. Ele respirou por alguns segundos e continuou falando:

— Não tem problema vocês terem desligado a lanterna. Eu também não cumpri um acordo. Eu disse que iria somente até onde eu tinha certeza de que dava para continuar, mas fui além. Passei do limite, mesmo sabendo que não teria ar para voltar. Mas foi isso que fez com que eu chegasse do outro lado do túnel.

Ele parou mais alguns segundos para respirar:

— Meus amigos, depois do túnel as galerias parecem ser imensas e o rio continua. Podemos passar! A correnteza ajuda a irmos na direção da saída. Mais difícil foi voltar para avisar vocês... Nadar contra a correnteza não foi fácil... Agora, preciso que cada um encha ao máximo seus pulmões, e que resistam até o limite, pois, se eu consegui, todos conseguirão.

— Eu não vou – disse Adriana. – É melhor alguém sair com a lanterna e acionar a equipe de resgate. Os demais ficam aqui esperando.

Mas e se houvesse outros trechos sifonados mais à frente? E se a lanterna se apagasse antes de chegarmos à saída da caverna? Era melhor ficarmos juntos. Ricardo argumentou:

— Adriana, veja como Carlos foi corajoso e se arriscou por nós. Ele entrou em um túnel sifonado, sem saber o tamanho, e voltou nadando contra a correnteza para nos buscar. Podemos fazer isso.

Ela olhou com uma expressão de medo, mas concordou em ir.

Então, um a um, todos entraram no túnel. Eu seria o último, pois queria ter certeza de que ninguém desistiria.

Carlos foi o primeiro, e levou a lanterna, cuja luz refletida na água do outro lado seria usada como guia para os demais.

Cada um que entrava no túnel avisava:

— Estou indo agora.

E o próximo contava 60 segundos para entrar no túnel.

Depois de Carlos, entraram Ricardo e Adriana.

Ouvi Júnior dizer:

— Estou indo agora.

Então, comecei a contagem: um, dois, três, quatro... 57, 58, 59, 60.

Havia chegado a hora. Respirei fundo, enchi meus pulmões de ar e mergulhei na água fria. Os próximos segundos seriam desesperadores.

"Ouse fazer algo que você nunca imaginou ser capaz."

Ousadia. Eis uma das características mais presentes nas pessoas vencedoras. Ousar nem sempre significa colocar-se em riscos, mas sempre significa superar limites.

Ser ousado, em essência, é permitir-se realizar algo que até bem pouco tempo atrás poderia ser considerado impensável. Desde coisas simples até outras mais complexas, a ousadia nos revela uma sensação de liberdade incomparável.

Lembro que, em minha infância, uma vez a cada ano havia uma excursão na escola para um grande parque de diversões em São Paulo. Eu sempre ouvia de meus avós, com quem convivia grande parte do tempo devido à proximidade de suas casas com a de meus pais, que eu tomasse muito cuidado com os brinquedos mais perigosos. Nossos valores e temores são construídos ouvindo as pessoas em quem confiamos. Assim, eu entendia que montanhas-russas, *loopings* e outros brinquedos representavam riscos para minha vida.

Quando ia ao parque, via meus colegas nas filas de montanhas-russas, e a alegria que eles expressavam ao final do trajeto. Certa vez, fiquei junto ao gradil de saída de uma montanha-russa chamada SuperJet, e observei como cada um saía de lá feliz e empolgado. Dentro de mim, havia uma vontade louca de experimentar aquela sensação, de explodir meu coração em adrenalina naquelas descidas e curvas tortuosas, mas eu acreditava que aquilo colocava minha vida em risco. Eu não concebia a ideia de subir em um carrinho daquele sob nenhuma hipótese.

Talvez intrigada com o fato de eu somente observar meus amigos, uma professora chamada Aymé se aproximou e perguntou:

— Você não vai na montanha-russa?

— Não gosto – respondi, contando uma mentira para ela e para mim mesmo, tentando assim esconder meu medo.

— Nós estaremos neste parque de novo somente no ano que vem. Se você não quiser ir agora, terá que esperar um ano para ter uma nova oportunidade.

Como aquela professora era irresponsável! Ela estava me fazendo pensar na possibilidade de embarcar na montanha-russa e, na minha visão, de colocar minha vida em risco. Mas comecei a me questionar: por que não ir?

Meus colegas iam todos os anos, e muitas e muitas crianças faziam isso, e eu nunca ouvira ninguém falar sobre alguém que se acidentara ali.

Meu coração disparou com a possibilidade de eu encarar aquele medo, e a situação se tornou ainda mais dramática quando o Mário, um dos meus melhores amigos da escola, passou pelo gradil e gritou:

— Vamos! A fila está curta!

Ele me segurou pelos braços e começou a me arrastar, e eu não ofereci nenhuma resistência. Era exatamente o que eu precisava. Minhas pernas tremiam, e mal me sustentavam em pé, mas, quando me dei conta, eu já estava na fila, a apenas alguns passos da roleta que dava acesso ao carrinho. Mais alguns minutos, e eu estava sentado na primeira fileira, com o Mário ao meu lado. Seu olhar mostrava alegria e o meu, pavor.

Tentava forçar um sorriso, mas não dava.

O carrinho começou a subir. Indescritivelmente, a cada centímetro eu me sentia mais livre. Eu estava ousando fazer algo que eu queria há pelo menos três anos. Não me sentia em risco, mas em liberdade. Quando chegou ao topo da subida, o carrinho despencou na maior sensação de liberdade que eu já sentira na vida. Eu gritei de empolgação, e curti cada curva da montanha-russa. Quando chegamos ao final do trajeto, minhas pernas estavam mais firmes do que no início, e então, ao descer do carrinho, foi minha vez de puxar o Mário para a fila novamente.

Passei tão feliz pelo gradil que mal tive tempo de ver a Professora Aymé com uma expressão de espanto ao perceber como eu passara da sensação de "não gostar" para a de "eu quero ir de novo".

Depois disso, aprendi que precisava ousar: aprendi a nadar para pular de uma ponte em Ubatuba, de onde meus amigos pulavam e eu olhava. Saltei de paraquedas, e aprendi que a vida é feita de ousadia.

Para alçar novos voos na sua vida profissional, muitas vezes você precisa ousar mostrar seu talento, propor um novo projeto e, em alguns casos, até ousar mudar de emprego ou de profissão.

Ouse desempregar-se quando o martírio do trabalho for maior que a recompensa e quando aquilo que você estiver fazendo não trouxer mais satisfação pessoal, mas tenha o cuidado de fazê-lo sem colocar-se em risco desnecessário.

Ouse experimentar novos sabores, um prato que você nunca comeu, uma combinação de sabores que parece imperfeita, uma culinária de outra parte do mundo.

Ouse assistir a filmes de gêneros dos quais você se convenceu que não gosta, mas observe com novos olhos a poesia das imagens. Você poderá descobrir algo novo que o encante.

Ouse cantar, mesmo que seja você seja desafinado ou que você não saiba completamente a letra, trocando frases por lá-lá-lá.

Ouse usar roupas de cores diferentes, óculos maiores, chapéus, novos modelos de calças ou vestidos. Talvez exista um gosto dentro de você que nem mesmo você conheça.

Ouse, vez ou outra, parar tudo o que você estiver fazendo para ver o pôr do sol, e faça uma oração espontânea, sem palavras prontas.

Ouse, em uma manhã de sábado, se levantar da cama, colocar as coisas da sua família no porta-malas do carro e fazer uma viagem surpresa, sem que ninguém espere ou desconfie.

Se você tiver um grande projeto, ouse colocá-lo em prática e não dê ouvidos para as vozes reprovadoras que tentarão convencê-lo de que não vale a pena.

Ouse voltar a estudar, mesmo sabendo que as pessoas na sua sala de faculdade terão dez, vinte, trinta ou mesmo quarenta anos a menos do que você. Realize o seu sonho de se tornar aquilo que você sempre quis.

Ouse comprar para si mesmo um presente que você vem adiando há muito tempo porque você sempre arruma a desculpa de que tem algo ou alguém mais importante do que você mesmo na sua vida.

Mas ouse o quanto antes. Ouse, antes que seja tarde demais, e que você perceba que assistiu a própria vida, encostado em um gradil de um parque de diversões, mentindo para si mesmo que você não gosta e não quer realizar aquelas coisas que, bem lá no fundo, são os seus maiores anseios na vida.

CAPÍTULO 29

Final de noite de segunda-feira, horário indeterminado.

A surdez da cabeça imersa na água chegava a ser mais incômoda do que o silêncio da caverna. Meus pulmões estavam cheios de ar, mas a adrenalina despejada no sangue aumentara as batidas de meu coração, exigindo mais oxigenação e, portanto, um consumo maior daquele ar no qual estava depositada toda a minha vida.

Dei o primeiro passo dentro do túnel, tateando o teto com as mãos. Eu percebia claramente que a água tocava nele, e que não havia onde respirar. Sempre tive dificuldades em manter os olhos abertos dentro d'água, mas isso não faria a menor diferença. A escuridão era total, e somente quando Carlos chegasse do outro lado poderia acender a lanterna, mas o fluxo da água me indicava a direção a seguir.

Nadando, eu me deslocaria mais rapidamente, mas talvez perdesse a direção. Mesmo assim nadei, e vez ou outra apoiava o pé no chão e tateava o teto.

Naquela total escuridão, eu não sabia se havia me locomovido um ou dois metros, se o túnel estava terminando ou não. Tudo o que eu sabia é que eu precisava ir em frente.

"Às vezes, passamos por situações em que ir em frente é tudo o que podemos fazer."

Meus treinos de natação me ensinaram que liberar o ar pelo nariz vagarosamente poderia me dar uma melhor sensação de controle, e assim fui fazendo. Por outro lado, fazendo isso eu tinha uma clara percepção de que eu já havia consumido mais da metade do ar em meus pulmões, mas eu não sabia se já havia passado da metade do túnel sifonado.

Abri os olhos, mas a luz da lanterna de Carlos ainda não podia ser vista. Nada de luz. Já fazia tempo que ele havia partido. Por que eu não via a luz?

Procurei me concentrar em meus movimentos, e aproveitar ao máximo o ar em meus pulmões, mas uma suspeita começou a me incomodar. Se eu não estava vendo a luz da lanterna, será que havia possibilidade de ter uma bifurcação no túnel, e eu ter tomado o caminho errado? Eu não queria pensar nisso, pois o nervosismo só iria piorar a situação.

"Você está no caminho certo", eu repetia mentalmente para mim. "Agora deve faltar pouco."

Tateei novamente o teto, e ele ainda estava lá, parecendo mais baixo ainda.

Meu ar estava acabando. Comecei a perceber que meus pulmões poderiam inspirar instintivamente a qualquer momento. Soltei mais ar pelas narinas. Desta vez, sem querer deixei entrar nelas um pouco de água, e isso me fez sentir o cheiro típico de quem está "engolindo água" ao nadar.

Soltei mais um pouco do ar, e continuei nadando. Agora eu não podia mais parar para tatear o teto, pois o ar estava se esvaindo. Soltei a última porção de ar sobre a qual eu tinha controle. Se meu professor de natação soubesse disso, ele ficaria irritado. Ele sempre dizia: "Mantenha uma reserva de pelo menos 20% de ar no pulmão".

Eu estava sem ar, e sabia que meu corpo iria inspirar a qualquer momento. Não conseguiria segurar por muito tempo. Meus braços estavam cansados, e quase desistindo de continuar. Lembrei da minha mãe, de meu pai, de meus amigos e das pessoas que me esperavam lá fora. De quantas coisas eu ainda tinha para realizar na vida, e de uma palestra motivacional que eu assistira no ano anterior. Ao ver o palestrante mudando as vidas das pessoas, desejei do fundo do meu coração um dia poder fazer a mesma coisa. Pensei comigo mesmo: "Se eu sair daqui, irei atrás deste sonho. Eu me tornarei um palestrante".

Abri os olhos, e vi a luz da lanterna. Não estava muito longe, mas depois de uma pequena curva. Isso me deu forças, e eu nadei com mais vontade, com mais determinação. Fui chegando perto da luz, contornei a curva e, quando eu já via a luz nitidamente, coloquei a mão no teto e percebi que havia ar, e que o teto estava ficando mais alto.

Em uma ação instintiva, minha cabeça saiu da água e inspirou profundamente em um só golpe o ar da caverna. Olhei meus quatro amigos ali, do outro lado, cansados, exaustos, chorando, mas aplaudindo e gritando: estávamos os cinco do outro lado, e esta era a maior vitória que poderíamos ter conquistado.

Cansado, eu respirava ofegantemente. Mas aos poucos um cheiro bastante conhecido fez meu coração se encher de esperança. Um cheiro que sempre detestei, mas que naquele momento significava um sinal de que estávamos no caminho certo. Era cheiro de guano, as fezes dos morcegos.

Apontamos a lanterna para cima, e lá estavam aqueles pequenos mamíferos alados, pendurados em grandes colônias.

E isso nos revelava algo muito importante: a saída da caverna estava ao nosso alcance.

"Encare as adversidades como uma oportunidade para reforçar a união."

Quando uma equipe passa por uma grande dificuldade unida, é assim que ela permanecerá. A sensação de cumplicidade, de ajuda mútua e a confiança que cada integrante depositou no outro durante o período em que as dificuldades se apresentaram irá se transformar em um elo quase indestrutível entre as pessoas, e assim elas estarão mais fortes para enfrentar outras adversidades no futuro.

Sempre que uma situação difícil se apresentar àquela equipe, alguém poderá lembrar como foi importante a união e o espírito de cooperação que conduziram ao sucesso em outras ocasiões.

Isso não se aplica somente a equipes de empresas ou times de futebol ou basquete. Isso se aplica também à nossa família. Quantas são destruídas porque, exatamente no momento mais difícil, a união ficou em segundo plano!

Li um artigo em uma revista recentemente que afirmava que 65% dos divórcios no Brasil têm causa relacionada com motivos financeiros. Ou seja, ao invés de enfrentarem o problema juntos, e assim se tornarem mais fortes, muitos casais se separam por não conseguirem segurar a "barra" juntos. Cerca de 50% dos casos em que os pais perdem um filho por doença ou acidente acabam terminando em divórcio.

São dados que nos desafiam a pensar: quando esses problemas acontecem não deveríamos nos tornar mais unidos? Particularmente, acredito que isso não acontece devido à palavra "culpa". De quem é a culpa por não conseguirmos pagar nossas contas? De quem é a culpa por não termos impedido que o filho fizesse aquela viagem?

Esse desgaste só pode ser resolvido com amor, compreensão e a percepção de que nem toda situação tem um culpado de fato.

Se nos sentirmos culpados por algo, precisamos aprender a nos perdoar. Se culpamos alguém, precisamos aprender a perdoar essa pessoa, olhando para suas intenções e para a fragilidade e possibilidade de errar, a que todo ser humano está exposto.

Quando percebemos que estávamos perdidos, culpamos Ricardo, você se lembra disso?

Mas agora, depois de atravessarmos juntos o trecho sifonado, isso não tinha mais a menor importância.

Em nossos corações, a acusação havia dado espaço para a esperança, porque dentro de um trecho como aquele, com nossas vidas correndo verdadeiro risco, éramos todos seres humanos igualmente frágeis e precisando uns dos outros. Exatamente como somos nas nossas vidas fora da caverna!

CAPÍTULO 30

Início da madrugada de terça-feira, horário indeterminado.

Pela primeira vez, desde que nos conscientizamos de que estávamos perdidos, o grupo se mostra verdadeiramente animado e esperançoso. Parecia que faltava realmente apenas alguns passos para sairmos da caverna.

— Obrigado por vocês estarem comigo nisso – disse Carlos. – Um dia contarei aos meus netos como vocês foram importantes.

Nós que deveríamos agradecê-lo. A coragem e disposição de arriscar sua vida no trecho sifonado foram essenciais para o futuro de todos nós.

Mas ainda não estávamos fora da caverna, e a lanterna estava ficando mais fraca. Continuar preservando a iluminação era fundamental, embora a vontade de todos nós fosse sair correndo com a lanterna acesa e encontrar logo a saída.

— Agora, mais do que nunca, precisamos nos concentrar em sair daqui com segurança – disse Júnior. – Depois de passar por isso que vivemos agora, não podemos correr o risco de nos machucar em um buraco ou uma pedra. Vamos com cautela.

E, assim, formamos novamente a fila indiana. A rotina de acender e apagar a lanterna continuaria, agora com um gostinho mais especial.

Adriana se lembrou de algo importante para ela:

— Se estamos no nível do rio, isso quer dizer que não precisarei enfrentar aquele paredão novamente, não é?

Sim. Era isso mesmo. Ela poderia ficar tranquila quanto a isso. Mas se ela soubesse o que estava para acontecer, e a situação permitisse escolher, tenho certeza que ela preferiria enfrentar o paredão.

PRA VALER

****

À medida que caminhávamos, a galeria por onde o rio corria estava mais estreita, e o volume de água se projetava com mais força e intensidade. Isso fez, ao longo do percurso, com que o leito do rio se tornasse mais acidentado, e com a presença de pedras pesadas e pontiagudas. O perigo de nos acidentarmos nessas pedras, somado ao cansaço e ao frio, fazia a nossa caminhada mais lenta.

Meu relógio não estava mais funcionando, desde que entramos no trecho sifonado, mas eu sabia que era noite, e que não havia a menor possibilidade de vermos alguma luz proveniente da boca da caverna.

— Carlos, estou cansado – disse Ricardo. – Acho que poderíamos parar um pouco e descansar. Tem uma praia de areia ali do lado direito.

Iluminei na direção e havia um pequeno espaço onde poderíamos ficar. Ricardo havia visto aquele trecho quando eu acendera a lanterna há alguns segundos.

— Eu adoraria descansar – disse Carlos. – Mas sabemos que não podemos parar agora. Com nossos macacões molhados e o corpo parado, iremos sofrer demais com o frio. Força. Estamos no caminho certo.

— Precisamos ir em frente – disse Adriana. – Eu preciso sair daqui ainda nesta noite. Não vou suportar mais... – sua voz trazia um soluçar típico de quem está contendo o choro.

A caminhada estava se tornando mais difícil, nossos pés estavam mais pesados, mas pelo menos tínhamos água à vontade para beber.

Não sei quanto tempo se passou, mas fazia algumas horas que caminhávamos quando comecei a perceber que a lanterna estava se tornando mais fraca. A cada vez que eu a acendia, ela parecia emitir menos luz. Eu não era o único a perceber isso.

— Acho que as pilhas estão ficando fracas – disse Júnior. – Temos mais pilhas na mochila?

— Não – disse Adriana. – Estas são as últimas. Carlos, o isqueiro voltou a funcionar?

Ele retirou o isqueiro do bolso e tentou acendê-lo, mas faísca era algo que o isqueiro molhado não produzia. Ele não havia secado, e o ambiente úmido o manteria assim ainda por muitas e muitas horas.

Acendi novamente a lanterna, e reduzi a caminhada para três passos. Era só a essa distância que eu conseguia ver à minha frente com segurança.

Mais alguns minutos e comecei a perceber que a lanterna se apagava ainda antes de eu pressionar o botão para desligá-la, até que ela não acendeu mais.

— Carlos, a lanterna que você usou depois do trecho sifonado. Preciso dela. Estamos sem pilhas nesta.

Carlos me entregou a lanterna auxiliar. Mas ela também estava bastante fraca, e não se mantinha acesa.

— Pessoal – disse eu. – Agora precisamos muito que todos rezem, orem, peçam a Deus e aos anjos para chegarmos rapidamente à boca. Esta lanterna também vai se apagar em breve.

Eu precisava me distrair com algo, e comecei a contar quantas vezes eu estava acendendo a lanterna.

Contei vinte e uma vezes, e, na vigésima segunda, a lanterna não acendeu mais.

— Adriana, preciso de outra lanterna, ou outras pilhas.

Silêncio.

— Adriana... Você ouviu o que eu disse?

E então o silêncio foi quebrado pela frase que eu já sabia que iria ouvir:

— Não temos mais lanternas, nem pilhas...

Ouvi o som de Carlos tentando acender o isqueiro. Mas nada de luz.

— Vamos trocar as pilhas, de uma lanterna para outra – disse Júnior.

No escuro total, Adriana entregou a mochila a Júnior, que tateou seu interior, abriu uma das lanternas retirando as pilhas, e colocou na minha lanterna. Acendi e um breve raio de luz acendeu nossas esperanças por quatro segundos. E se foi...

Fizemos outra troca de pilhas, mas dessa vez a luz foi mais breve ainda.

Respirei fundo. E então meus lábios pronunciaram algo que mais parecia uma sentença de morte:

— Não temos mais luz. O que vamos fazer?

— Agora não temos alternativa. Precisamos ir para a lateral do rio, tateando encontraremos uma área seca e lá aguardaremos que alguém venha nos buscar ou que o isqueiro volte a funcionar.

— Não – gritou Adriana desesperada. – Podemos ir em frente no escuro mesmo.

— Essa não é a melhor alternativa neste momento. O risco de andar neste rio em completa escuridão é muito grande. Provavelmente já sabem que estamos aqui, e virão nos buscar. Veremos luzes, ouviremos vozes e gritaremos...

Então, tateando o fundo do rio, nos locomovemos vagarosamente para a margem direita. Era lá que havíamos avistado pequenas praias. Percebi que estava ficando mais raso, mais raso, até que meus pés saíram da água.

Estávamos em uma área seca.

— Vamos nos sentar aqui – disse Ricardo. – E esperar que a equipe de resgate chegue ou que o isqueiro volte a funcionar. Em último caso, se passar muito tempo, tentaremos ir em frente, no escuro mesmo.

Ao sair da água e parar de andar, o frio se tornou mais intenso. O contato com o macacão molhado me fazia sentir mais frio. Sentados na escuridão, fizemos o máximo para nos posicionarmos em círculo, de modo que pudéssemos nos abraçar. A troca de calor humano seria essencial para nos mantermos vivos.

À minha direita estava Júnior; à minha esquerda, Ricardo.

— Vamos falar uns com os outros sempre, para ter certeza de que estamos todos conscientes – disse Júnior.

— Concordo – disse Carlos. – Vamos nos manter unidos e vivos. Lembram-se das tabuadas que aprendemos na escola? É um excelente teste de lucidez. Cada um de nós pergunta ao colega da direita, e ouve a resposta.

— Cinco vezes oito? – comecei.

— Quarenta – disse Júnior. – E nove vezes seis?

— Cinquenta e quatro – respondeu Carlos. – E oito vezes...

Precisávamos ficar acordados. E, no meio da matemática dos números, comecei a refletir na matemática da vida...

"Avalie o que realmente é importante na sua vida."

Quando nossos olhos não podem ver, nossa mente passa a enxergar de uma maneira especial.

Somente naquela ausência total de luz, sem a certeza de que eu sairia de lá com vida, pude ver algumas coisas que sempre estiveram claras e óbvias e, exatamente por isso, eu não as conseguia observar. Fora da caverna, elas nunca se revelaram para mim.

Em tal situação, você começa a perceber que as coisas que mais nos causam preocupação na verdade têm pouca importância frente à nossa existência. Você percebe que não tem a menor importância se seu tênis é de marca ou não, se sua roupa foi comprada no shopping mais caro ou em uma liquidação, se o seu carro é velho ou novo, ou mesmo se nem carro você tem.

Quantas preocupações desnecessárias nutrimos ao longo da vida? Perdemos o humor se não controlamos nossas contas, se não conseguimos diminuir os gastos com o telefone, se nos tratam mal na rua ou no trabalho.

Se alguém trata você mal pela manhã ou pisa no seu pé no ônibus, ou ainda se alguém fecha seu carro no trânsito, isso já é motivo suficiente para você estragar seu próprio dia. Depois disso, você não conseguirá mais se concentrar em seu trabalho, ficará de mau humor, tratará mal as pessoas que nada têm a ver com aquilo, e talvez fique estressado lembrando-se do infeliz episódio.

Mas é fato que esse dia nunca mais se repetirá em sua vida, e quando você decidiu ficar mal pelas ações de outras pessoas, entregou um dia precioso e único da sua existência para essas tais pessoas. Provavelmente, a pessoa que irritou você esteja bem, curtindo o dia dela, enquanto você está desperdiçando um dia de sua vida, correndo o risco de agir com outras pessoas da mesma maneira que agiram com você.

Nossa vida merece preocupações mais profundas e importantes do que aquelas que normalmente nos desgastam, nos tiram o sono e acabam nos levando a hospitais com crises de hipertensão. Quando algo começa a me preocupar, costumo perguntar a mim mesmo: "Que diferença isso fará daqui a quatro ou cinco anos?" Se alguém pisou no meu pé ou foi mal-educado comigo, questiono: "Que diferença isso fará na minha vida no futuro?". Se não fará, eu não perderei tempo, e nem deixarei de viver esse importante e feliz dia da minha vida.

Ali, de olhos abertos e sem ver, percebi que me preocupava demais com coisas que tinham pouca ou nenhuma importância de verdade. Prometi a mim mesmo que, se saísse de lá, minhas preocupações seriam outras... mais verdadeiras, mais intensas, e que eu daria mais tempo a mim mesmo para viver as coisas boas da vida.

Em uma situação "pra valer", você para de perguntar "por quê?" e começa a perguntar "o quê?".

Podemos decidir se seremos um simples personagem ou autores de nossa própria história. Passamos grande parte da vida como personagens: vítimas impotentes frente aos acontecimentos, e assim nos permitimos lamentar os infortúnios e comemorar a boa sorte, torcendo para que essa sorte sempre esteja ao nosso lado.

Não percebemos que está ao nosso alcance o poder de conduzir e mudar a nossa própria história. Quando algo não sai exatamente como queríamos, sempre temos uma bela desculpa, uma lamentação ou alguém em quem colocar a culpa. Nos posicionamos como vítimas e assim permanecemos por tempo indeterminado.

Mas, em uma situação "pra valer", você percebe que precisa se movimentar, fazer algo e não deixar que as situações sejam maiores do que sua vontade de vencê-las.

Li uma frase que diz: "Sua vida começa onde termina a zona de conforto". Ser autor da sua história é sair dessa zona, de se permitir agir de acordo com suas determinações e vontades, e usar sua força interior para mudar qualquer situação com a qual você não esteja satisfeito.

Mas, para isso, é necessário que você pare e reflita, descubra dentro de si uma força realizadora que mostrará que você pode muito mais do que você imagina.

Em uma situação "pra valer", você aprende a estabelecer prioridades em sua vida.

As prioridades mudam com o passar do tempo. O que era prioridade na sua infância ou adolescência não será mais prioridade na sua vida adulta. Da mesma forma, nossas prioridades podem mudar ao longo de um dia.

No início da nossa manhã, quando chegamos ao trabalho, nossa prioridade é resolver as pendências, atingir os objetivos, atender clientes ou realizar com perfeição nossa tarefa no mundo profissional.

Ao chegarmos em casa, depois de um longo dia de trabalho, precisamos mudar nossa prioridade para a nossa família. Precisamos dar um tempo para viver ao lado das pessoas que nos esperaram o dia inteiro, e que agora, ao final de mais um dia, esperam receber nossa atenção. Mas muitas vezes nos rendemos ao cansaço, a outras prioridades (que momentaneamente julgamos ser mais importantes), como o telejornal, o jogo de futebol, a novela, o Facebook...

Depois de um dia inteiro de trabalho, por inúmeras vezes nos permitimos jantar na companhia da televisão, pedindo silêncio absoluto a quem quer que esteja ao nosso lado, sem perceber o anseio que essas pessoas têm em contar como foi o seu dia, de compartilhar um elogio recebido pela professora ou contar que o seu time foi campeão de vôlei no torneio da escola.

E, depois disso tudo, quando já cansados de ver pela televisão o que acontece no mundo, pedimos a compreensão das pessoas para que possamos nos retirar de sua companhia, em busca de mais uma noite de sono que será atormentada pelos fantasmas da preocupação e das coisas que deixamos por fazer.

Dia após dia, semana após semana e por grande parte da vida, vivemos sem cumprir a prioridade máxima pela qual nos esforçamos diariamente: nossa felicidade.

Trabalhamos em excesso, com a falsa alegação de que queremos dar mais conforto para nossa família, e com o dinheiro que ganhamos erroneamente imaginamos poder compensar nossa ausência.

Mas o que não percebemos é que, para essas pessoas, a companhia pode valer muito mais do que um carro confortável, uma casa na praia ou um aumento de mesada.

Tem uma velha história do garoto que pergunta ao pai quanto ele ganha. Depois de relutar e ouvir a mesma pergunta com insistência, o pai revela o salário ao filho, que prontamente faz um cálculo:

— Então o senhor ganha mais ou menos quinze reais por hora, né, pai?

— Sim, meu filho.

Então o garoto tira trinta reais do bolso, e entrega ao pai dizendo:

— Isso é o que sobrou da minha mesada, o senhor poderia ficar duas horas comigo?

Por que não programar em sua agenda um tempo para que você e sua família possam usufruir das conquistas obtidas com o suor do trabalho?

Por que não dedicar um tempo a você, ao seu crescimento profissional e pessoal, à sua educação, aos amigos e ao descanso? Tudo isso sem se esquecer que cada coisa tem o seu tempo, e que não precisamos ter uma única prioridade em nossa vida.

Um anúncio publicado em um outdoor trazia uma frase que nunca esquecerei: "Para cada almoço de negócios, promova um jantar à luz de velas".

Precisamos aprender a distribuir o nosso tempo entre as diversas atividades que nos conduzem à maior e mais verdadeira prioridade: a nossa FELICIDADE e a FELICIDADE das pessoas que nos cercam.

Em uma situação "pra valer", você aprende que as coisas mais simples são as que mais fazem falta.

Qual o valor de um banho quente ou de uma sopa em cima da mesa? Quanto vale aquele pedaço de pão que repousa sobre a sua mesa de café da manhã?

Não sei mais responder a essas perguntas. Talvez eu saiba quanto custa um pão, ou quanto pago de conta de luz e de água... Talvez eu saiba quanto custa um quilo de batata ou cenoura para colocar na sopa, mas definitivamente eu não sei quanto tudo isso vale.

Recentemente, meu sobrinho Felipe me contou que tem um amiguinho na escola que vive dizendo que sua família tem os melhores carros, que sua casa tem piscina e que o pai tem muito dinheiro. Seu objetivo é mostrar aos amiguinhos que ele está em uma posição "melhor" que os demais.

Os pais desse menino estão passando a ele uma crença muito comum na sociedade em que vivemos: que o "ter" é o que diferencia as pessoas e que o poder aquisitivo está associado a ser "melhor" e mais respeitado.

Entretanto sabemos que os bens materiais são transitórios e que a situação financeira de uma família pode ser facilmente abalada por descontroles, investimentos inadequados e até crises que fogem de nosso domínio.

Quando construímos nossos valores no "ter", estamos fazendo algo realmente perigoso. Em qualquer situação pior do que a que estamos hoje, perderemos nossa referência e seremos capazes de acreditar que a felicidade está ligada somente a um grande saldo bancário.

É claro que o dinheiro é importante e que nos traz conforto e oportunidades que todos almejamos. Porém ele não pode ser a nossa maior referência de felicidade.

Em uma situação "pra valer", você começa a descobrir que as coisas mais importantes não são necessariamente as mais caras. Dentro de uma caverna, com medo e frio, você não almeja o jantar de um hotel cinco estrelas, mas o tempero único e insubstituível do feijão da sua infância.

Você começa a sentir falta daquele cobertor velho e surrado guardado no armário e não se lamenta por não ter conseguido comprar o edredom caríssimo, assinado por um estilista francês.

Você não se arrepende de não ter feito um grande investimento nas ações que mais subiram, mas de não ter investido seu tempo junto às pessoas que ama.

Você não lamenta o fato de não ter comprado a TV de última geração, mas de não ter desligado a TV velha da sala para ouvir como foi o dia da sua família.

Você começa a perceber que aquilo que realmente é importante normalmente fica em segundo plano em nossas vidas, porque acreditamos que amanhã sempre será um dia perfeito para realizar tudo aquilo que estamos adiando.

Nesses momentos, o carro e a piscina não são mais tão importantes, porque descobrimos o que realmente nos torna especiais e diferentes: a habilidade de valorizar o "pouco", mesmo quando já se tem o "muito".

Em uma situação "pra valer", você olha para trás e percebe que pode mudar o que vem pela frente.

Somos colecionadores de "nãos". Temos um álbum de figurinhas cheio de "nãos" que acumulamos na vida.

Ali, no escuro da caverna, percebi que podemos ver esse álbum sempre que quisermos, mas raramente (ou mesmo nunca) o queremos.

Esse álbum contém cenas que estão gravadas em algum lugar remoto da nossa memória, cuja porta de acesso chama-se culpa. É por essa porta que não queremos passar, e sem abri-la não percebemos que seu outro nome está estampado na face oposta: perdão.

Somente ao olhar para tal álbum, onde se encontra nossa coleção de "nãos", nos permitiremos realizar o autoperdão, e passaremos a agir de uma maneira diferente.

Atrás da minha porta, eu vi alguns "nãos" bastante claros. No ano anterior, eu queria ter dado um presente para minha irmã em seu aniversário, e NÃO fiz.

Lembrei-me de quantas vezes prometi a mim mesmo que no final de semana iria para a praia com os amigos ou com a família, causando uma expectativa positiva nessas pessoas, mas ao chegar cansado, desisti de realizar aquela aventura. Quantas e quantas ondas e lindos pores do sol eu perdi naqueles infinitos NÃOS.

Eu troquei inúmeros almoços de domingo, na companhia de meus avós e pais, pela companhia da televisão. Eu NÃO havia sentido o gosto do macarrão acompanhado de um bom bate-papo com aquelas pessoas que aguardaram a semana inteira para reunir a família em torno de uma mesa. E elas nunca haviam me cobrado por isso.

Eu NÃO havia perseguido os meus sonhos. Tantas eram as coisas que eu gostaria de realizar, e eu simplesmente havia falado NÃO para elas. Em especial, a não realização de um sonho me incomodava muito: aquele sonho de me tornar um palestrante.

Pensando em tudo isso, eu percebi que necessitava me perdoar por ter negado a mim mesmo tantos momentos maravilhosos e que, para isso, eu precisaria me comprometer a viver uma nova vida. Então sem saber ao certo se meus olhos estavam abertos ou fechados, foi exatamente isso o que eu fiz.

CAPÍTULO 31

Madrugada de terça-feira, entre 4h00 e 5h00.

Eu havia me lembrado de tantas coisas, viajado tanto em meus pensamentos, que não lembrava mais que estava privado da visão. Era como se eu pudesse ver nitidamente meus pensamentos... como se eles se materializassem à minha frente.

Não sei quantas horas tinham se passado desde que paramos de cantar tabuadas ou de conversar. Ora ou outra, um falava o nome do outro para ter certeza de que estava tudo bem. As respostas raramente passavam de breves resmungos, seguidos de um quase inaudível "tudo bem".

Abri meus olhos, e a confusão entre a ausência total de luz e a imaginação estava se tornando muito real. Tinha a impressão de ver feixes coloridos de luz. De vez em quando, eu percebia um ponto azul que piscava em algum lugar, mas eu sabia que era pura imaginação e delírio.

A sensação de frio parecia estar passando, e um sono incontrolável começou a tomar conta de mim. Eu sabia que isso era sinal de hipotermia.

Nosso tempo estava acabando! Queria ter papel e lápis para escrever uma mensagem para as pessoas que eu amava, mostrando que eu havia aprendido muito sobre a vida naqueles momentos finais, e que, se eu pudesse, faria tudo diferente.

Nesses momentos, a vida da gente passa como se fosse um filme em velocidade aumentada, o qual você consegue ver com uma imensa riqueza de detalhes.

Em menos de um segundo, eu estava na infância, deitado na cama de meus pais, com sarampo e tomando remédios. Depois, no primeiro dia de aula, na cantina da escola, na formatura, com meus amigos, comprando meu primeiro carro, na primeira entrevista de emprego e ali, naquela caverna escura e fria... Apenas um segundo, e minha vida inteira passava em minha mente.

Foi em meio a essas lembranças que algo mais real parecia estar se materializando à minha direita. Uma pequena luz chamou minha atenção. – Júnior, estou vendo uma luz à minha direita.

Percebi que Júnior levantou a cabeça pelo movimento do corpo. Passaram-se alguns segundos e ele disse:

— Você está delirando. Não tem luz nenhuma.

Fixei melhor meus olhos e percebi que a luz havia sumido. Pura imaginação. "Será que é assim que se formam as miragens no deserto?", pensei.

Mais alguns segundos, e desta vez a voz de Júnior quebrou o silêncio:

— Espera! Eu acho que estou vendo, sim, uma luz.

Mas eu não via mais nada. Estaríamos entrando de novo em um delírio coletivo?

Fixei meus olhos na direção anterior, e estranhamente a luz apareceu novamente.

— Eu também estou vendo – disse Adriana.

Mais alguns minutos, e aquela pequena luz foi se tornando mais presente, e, em pouco tempo, estávamos todos com plena certeza de que ali havia uma luz.

— Alguém deve estar vindo nos buscar – disse Adriana, mostrando uma indescritível alegria na voz.

Nós nos reposicionamos no chão da caverna, de forma que todos ficassem de frente para a luz.

Meu coração batia forte, disparado...

— Estamos aqui – gritei, usando toda a minha força.

Todos repetiram, e gritamos juntos, tentando vencer o barulho das águas do rio.

Agora estava muito claro que aquilo era luz de verdade. Não, não era só um ponto, eu tinha a impressão de que grande parte da caverna estava começando a ficar iluminada.

Gritamos por mais alguns minutos, e Carlos disse:

— Vamos na direção da luz. Precisamos encontrar a equipe de resgate.

Sem pensar mais nenhum segundo, nos levantamos.

— Desta vez, não vamos em fila indiana – eu disse. – Vamos dar os braços e formar uma forte corrente, para que possamos dar sustentação uns aos outros. Antes de cada passo, procurem tatear o fundo do rio com os pés.

Voltar para aquela água fria não foi fácil, mas a esperança de sair da caverna valia qualquer esforço.

Lá estávamos nós, formando uma corrente humana de cinco elos. A cada passo, o cuidado de percebermos o solo sobre o qual pisávamos. A caminhada era lenta, mas segura.

— Vamos, pessoal – dizia Júnior. – Estamos no caminho que vai nos tirar daqui.

— Pessoal... A gente anda, anda e parece que não sai do lugar. Estamos sempre longe da luz. A equipe de resgate não está vindo em nossa direção? – perguntou Adriana. – Eles deveriam andar mais rapidamente do que nós.

— Não – disse Carlos. – Não tem ninguém vindo em nossa direção. Eu sei o que está acontecendo.

Seria mais uma péssima notícia?

— Ah, não, Carlos... – desesperou-se Ricardo. – Não vá dizer que é só mais um delírio coletivo.

— Não. Tenho certeza que não – tranquilizou o mais experiente espeleólogo da equipe. – Estamos na Zona de Iluminação II, aquela área onde a luz não incide diretamente, mas na qual nossos olhos, com as pupilas dilatadas, já percebem a luz entrando na caverna. Em outras palavras, o que estamos vendo é a luz do sol, nascendo nesta terça-feira. Em breve, veremos mais silhuetas, as formas se tornarão mais claras, e chegaremos a uma saída.

As palavras de Carlos fizeram o grupo se encher de esperança. Um grito de alegria ecoou na caverna. Eram cinco vozes, em um único coro, expressando a alegria que só sente quem descobre que a vida continuará lá fora.

Comecei a pensar que eu teria uma nova chance de viver uma vida mais intensa, de ir atrás de meus sonhos e realizar tudo aquilo que até então eu havia deixado para "amanhã".

Quais são os motivos que nos movem? Quais são as verdadeiras paixões que temos na vida, que nos fazem levantar da cama todos os dias?

A cada novo passo, tais motivos se tornavam intensos, e à medida que eu percebia a luz mais forte, a silhueta da caverna ia se delineando e eu comecei a descobrir onde mora a verdadeira felicidade.

PRA VALER

"Admita que a felicidade não acontece por acaso."

Passamos grande parte do tempo deixando a felicidade para depois e associando a ela conquistas materiais ou metas que sempre estão longe demais. Essa é a nossa forma de adiar o encontro com a felicidade. Naquela caverna, já no caminho que provavelmente me levaria à saída, comecei a refletir na verdadeira felicidade e em quantas desculpas encontramos para não sermos felizes agora:

"Serei feliz quando comprar o carro que eu quero, ou quando tiver a casa de meus sonhos".

Essa não é uma verdade. Associar a felicidade a conquistas materiais é iludir-se continuamente. As conquistas materiais são importantes para o nosso bem-estar e de nossa família, mas elas por si só não trazem a felicidade contínua. Perceba que, após comprar algo que você quer muito, em pouco tempo você se acostuma ou se decepciona, e então passa a ter outro sonho de consumo. Isso não é negativo, mas em nenhuma hipótese a conquista material será responsável por sua plena felicidade.

"Serei feliz quando me formar na faculdade, encontrar um bom emprego, me casar e estabilizar minha vida."

Associamos a felicidade a realizações do futuro. Determinamos alguns momentos-chave da nossa provável trajetória de vida, e lá na frente colocamos a felicidade. Assim, perseguimos tais objetivos ao longo da nossa existência, com a forte ilusão de que a felicidade nos espera quando provarmos a nós mesmos e aos demais que somos capazes.

Quando atingirmos tais momentos-chave, descobriremos que teremos outros no futuro, aos quais podemos associar a felicidade, e mais uma vez iremos nos enganar, ao acreditar que ainda não chegou a hora de sermos felizes.

"Serei feliz quando minha esposa for mais carinhosa, meus filhos me respeitarem mais."

A quem pertence sua felicidade? Você a entregará para alguém? Outra desculpa que encontramos para não sermos felizes está associada a outras pessoas de nosso convívio. Não nos sentimos plenamente felizes e realizados enquanto as pessoas não agirem exatamente da forma que gostaríamos que elas agissem. Mas nem todas as pessoas agem da mesma maneira, e isso não quer dizer que elas não nos amem ou não nos respeitem.

A forma como as pessoas expressam seus sentimentos está intimamente relacionada com suas experiências anteriores, seus relacionamentos com pais e irmãos, e com as marcas que a vida já imprimiu em seus sentimentos. O fato de alguém não conseguir dizer o quanto ama você não significa que essa pessoa não possa amá-lo com todas as suas forças.

Esse é apenas um exemplo de que nem todas as pessoas agem como gostaríamos que agissem, e nós também não agimos como elas gostariam que o fizéssemos.

Precisamos, então, respeitar as nossas diferenças e saber que nossa felicidade não depende de ninguém, a não ser de nós mesmos.

"Serei feliz quando não tiver mais problemas."

Se esperarmos a felicidade depois que todos os problemas de nossa vida forem resolvidos, provavelmente não a encontraremos.

Algumas das pessoas mais felizes que conheço têm muitos problemas, mas encontraram a felicidade "apesar" de tais problemas. Por outro lado, conheço pessoas que teriam "tudo" para serem felizes, mas ao acordar a cada dia preferem ver ou criar problemas para justificarem sua infelicidade.

Então, onde está a felicidade?

Seria muita pretensão tentar responder a essa pergunta. Mas, ao caminhar naquele rio gelado, comecei a perceber o que realmente me fazia feliz. Comecei a perceber que eu não precisava mais adiar o motivo pelo qual eu estava vivo: encontrar a felicidade dentro do meu coração.

A cada passo, e a cada vez que a luz se tornava mais intensa, eu começava a perceber onde estava a felicidade. Ela não estava em um carro de cem mil reais, mas na possibilidade de ver a estrada e os campos ao longo do caminho em uma linda viagem; estava nas pequenas coisas da vida, como na brisa que anuncia a chuva em uma tarde de verão e o cheiro da terra molhada depois que ela cai formando um arco-íris; não, a felicidade não estava em uma casa em condomínio fechado, com piscina e churrasqueira, mas nas pessoas que esperam a gente com um jantar sobre a mesa, no carinho que recebemos com um cafuné na cabeça em uma tarde de domingo.

A tal "felicidade" que adiamos para o futuro estava no presente, em um *happy-hour* na tarde de sexta-feira, onde nos permitimos rever amigos de infância e ver nossos filhos crescerem, percebendo a alegria que existe em pequenos seres humanos que acreditam poder ser o Super-Homem ou a Mulher Maravilha. Recentemente, em um aeroporto, vi um pequeno menino chamado Douglas, com sua fantasia de Super-Homem, acreditando em seus superpoderes. Ele estava mais certo do que nós, que duvidamos até do óbvio.

Não adiantava procurar a felicidade em presentes caros que tentamos dar para compensar nossa ausência, porque a felicidade está em um presente de apenas um real, acompanhado de uma ou duas horas da presença de quem presenteia. Ela vale mais do que o presente.

E quantas e quantas vezes descobrimos a felicidade em uma tarde de domingo, em um parque de diversão que cheira pipoca e algodão-doce? Com duas pequenas mãos segurando as suas, você perceberá que não há nada mais especial do que ir quatro, cinco ou seis vezes ao mesmo tobogã, só porque seus filhos querem ir "de novo", "de novo" e "mais uma vez".

A felicidade reside em nossos quartos, quando, em uma tarde fria, depois de tomar um banho quente, damos um *play* naquela série que já vimos algumas vezes, e entramos embaixo do cobertor quente. Sabemos que iremos dormir antes do fim do primeiro episódio, mas e daí?

Enquanto muitos adiam a felicidade para as férias do futuro, para a Europa daqui a cinco anos, alguns fazem uma viagem de final de semana para o lugar mais simples do mundo e descobrem a alegria que existe em comer pastel em barraca de praia, na companhia da pessoa mais especial do mundo.

O que vale são os pequenos momentos da vida, como aqueles em que o seu cachorro pula no seu colo ou quando você muda a estação do rádio e descobre que está tocando a música que você mais gosta e, sem medo do que vão falar, você canta com todo o seu fôlego e entusiasmo.

A felicidade reside no acordar pela manhã e perceber que ao seu lado está uma linda bandeja de café da manhã: pão com manteiga, café com leite, uma barrinha de cereal e um bilhete escrito com letras de forma: "Já saí para o trabalho, mas quero que, mesmo assim, você acorde ao meu lado".

A felicidade também reside nas lágrimas, nas lembranças de bons momentos vividos com pessoas que não estão mais ao nosso lado, nas boas-vindas que damos a quem está chegando ao mundo, e no "até logo" para aqueles que estão partindo.

Dentro de cada um nós, está a chave da felicidade, em momentos que só podemos curtir sozinhos, como quando boiamos no mar, de olhos fechados, sentindo o sol quente e a água fria, esse contraste térmico que nos faz perceber que estamos vivos, ou em momentos que podemos curtir com as pessoas mais importantes da nossa vida, em um animado bate-papo em uma mesa de jantar, com a televisão desligada.

Ao perceber que a felicidade está no "aqui", no "agora", e dentro de "nós mesmos", sentimos que o amanhã é incerto, mas que o hoje pode ser simplesmente perfeito.

CAPÍTULO 32

Manhã de terça-feira, aproximadamente 6h00.

Existe um momento mágico quando a dúvida se torna certeza. Quando o "talvez" se transforma em "falta pouco"...

Neste momento, a sensação é de que tudo valeu a pena. Os esforços, as dificuldades, os riscos e os momentos em que você acreditou que seria possível, mesmo quando todos ainda duvidavam.

Esse momento aconteceu naquela manhã de terça-feira, quando, após uma pequena curva, pudemos avistar a fonte de luz que havia nos inspirado nos últimos 30 minutos. Lá longe, meus olhos miravam uma luz muito forte, vinda de um ponto pequeno. A corredeira de águas límpidas que havia sido nossa guia até então parecia estar prestes a nos entregar para o destino final: a saída da caverna.

Pela primeira vez desde que a última lanterna se apagara, olhei para o lado e pude perceber os semblantes dos meus companheiros de jornada: cansados, exaustos, mas deixando transparecer em algum lugar entre os lábios e olhar uma nítida sensação de vitória.

— É uma saída – murmurou Júnior, não contendo em sua voz a sensação de choro.

— É, sim – murmurei com o mesmo tom.

Os passos na água se tornaram mais firmes e ritmados. Ouvi sons de choro misturados com euforia.

Meus olhos não conseguiam fitar outra coisa senão aquela saída majestosa que se aproximava a cada segundo.

Em cada centímetro que se aproximava, eu percebia com mais nitidez a paisagem que lá fora se desenhava: folhas verdes, um céu azul e bromélias que pendiam do teto.

A grade que protegia a boca da caverna também começou a ganhar nitidez, e percebi que era exatamente a boca pela qual havíamos entrado.

O portão, que outrora estava trancado por um cadeado, estava aberto, escancarado. Sinal de que sabiam que estávamos ali dentro, e que poderíamos sair a qualquer momento.

"Lá fora estão torcendo por nós", pensei. Então me dei conta de quantas pessoas torcem por nós na vida, em nosso nascimento, infância, adolescência, idade adulta e velhice. Torcem pelo nosso nascimento, pelas nossas primeiras palavras, primeiros passos, pelo nosso sucesso e até para que nos tornemos velhinhos saudáveis e felizes.

Com a aproximação daquela saída, meu coração começou a se encher de coragem e ânimo. Senti dentro de mim que eu poderia fazer tudo o que quisesse, que eu deveria acreditar em meus sonhos, apoiar as pessoas que eu amava e ainda aquelas que eu sequer conhecia.

A poucos metros da saída, nossa equipe poderia ter soltado os braços, afinal, agora estávamos seguros, mas aconteceu exatamente o contrário: nos abraçamos de um jeito mais intenso e mais firme.

A temperatura do ar começou a ficar mais quente, e meus olhos começaram a se fechar em uma reação natural em defesa da luz, até que as pupilas se acostumassem àquela nova condição.

De repente, me vi passando pelo portão e percebi que o frio da caverna tinha sido substituído por um toque suave e generoso, pelo qual minha ansiedade não se continha há muitas e muitas horas: o leve roçar da luz do sol em meus braços e em meu rosto.

Minhas pernas bambearam, e olhei nos olhos marejados de lágrimas de cada um da equipe que eu havia liderado.

— Neste sol, o isqueiro secará mais rápido, fique com ele para você – brincou Carlos, me entregando o isqueiro.

Percebi que cada um de nós tem uma caverna dentro de si, e que, em algum momento, nos perderemos nela. O que aprendemos com este momento, e o que faremos no futuro, vai determinar se a vida é ou não é uma grande oportunidade de ousar.

Olhei para dentro da caverna e agradeci do fundo do meu coração. Ela havia mudado a minha vida.

E eu, que tinha passado tanto tempo tentando mudar os outros, havia descoberto que o grande segredo era mudar o Maurício mesmo.

EPÍLOGO

Você já acordou de um pesadelo com uma enorme sensação de alívio? A primeira frase que vem à sua mente nesses momentos é: "Ainda bem que eu acordei". Naquela noite, o explorador acordou com essa sensação.

Resolveu permanecer mais alguns minutos na cama, antes de se levantar. Embora estivesse muito frio, ele queria curtir um pouco mais a sensação de estar a salvo. Talvez o frio o tivesse feito passar por aquele pesadelo. "É melhor se levantar", pensou.

Colocou a mão sobre o colchão, com receio de encontrar uma pedra, mas a maciez do lençol o fez relaxar, ao perceber que estava em seu quarto.

Lembrou-se de que há dois dias ele e sua equipe saíram de uma caverna, foram atendidos em um posto de enfermagem do parque, advertidos duramente sobre os atos inconsequentes e em seguida liberados.

Na ocasião, ficaram sabendo que uma equipe de resgate adentrara na caverna após encontrar o carro camuflado por folhas, porém não tivera êxito em encontrá-los.

Hospedaram-se em uma pousada da cidade junto com familiares e amigos, que ansiosamente aguardavam que saíssem com vida da caverna.

Tomaram sopa quente antes de dormir, e, mesmo no trajeto de volta para casa, pouco comentaram sobre o que havia ocorrido.

O explorador lembrou-se da emoção que sentira na noite anterior, ao ver sua cama. Lembrou-se que, antes de dormir, retirara do armário um cobertor velho. Como ele sentira falta do seu cobertor de infância!

Agora, acordando naquela manhã, ficou em dúvida se tudo realmente tinha acontecido ou se era só um pesadelo.

Ficou mais cinco ou dez segundos na cama, espreguiçou-se e foi ao banheiro. Lá encontrou o cesto de roupas sujas, e dentro dele um macacão cor de laranja, totalmente manchado pelo barro. Sem hesitar, o retirou do cesto e tateou o bolso. Ali, encontrou um isqueiro. Tentou acendê-lo e... nada! Mais uma vez, e... nada! Mirou-se no espelho e sorriu o sorriso dos vencedores.

Então, jogou o macacão de volta no cesto, e se apressou em sair para ver o sol, afinal, aquele era o primeiro dia da sua nova vida: ele havia decidido que, daquele momento em diante, sua vida seria PRA VALER!

Para entrar em contato com o autor, escreva para:
contato@mauriciolouzada.com.br